国企改革背景下
混合所有制企业的治理机制研究

闫 森 著

中国财经出版传媒集团
中国财政经济出版社
·北 京·

图书在版编目（CIP）数据

国企改革背景下混合所有制企业的治理机制研究／闫森著．--北京：中国财政经济出版社，2025.2.

ISBN 978-7-5223-3670-1

Ⅰ.F279.241

中国国家版本馆 CIP 数据核字第 2025GV5593 号

责任编辑：崔岱远　　责任校对：胡永立

封面设计：陈宇琰　　责任印制：史大鹏

国企改革背景下混合所有制企业的治理机制研究

GUOQI GAIGE BEIJINGXIA HUNHE SUOYOUZHI QIYE DE ZHILI JIZHI YANJIU

中国财政经济出版社 出版

URL：http：//www.cfeph.cn

E－mail：cfeph@cfeph.cn

社址：北京市海淀区阜成路甲 28 号　邮政编码：100142

营销中心电话：010－88191522

天猫网店：中国财政经济出版社旗舰店

网址：https：//zgczjjcbs.tmall.com

涿州汇美亿浓印刷有限公司印刷　各地新华书店经销

成品尺寸：170mm×240mm　16 开　14.5 印张　200 000 字

2025 年 2 月第 1 版　2025 年 2 月北京第 1 次印刷

定价：85.00 元

ISBN 978－7－5223－3670－1

（图书出现印装问题，本社负责调换，电话：010－88190548）

本社质量投诉电话：010－88190744

打击盗版举报热线：010－88191661　QQ：2242791300

序

在全球经济环境和国内经济结构调整的双重影响下，国有企业的改革面临着前所未有的机遇与挑战。特别是混合所有制改革的推进，不仅关系到企业自身的生存与发展，也深刻影响着国家经济的稳定与增长。作为一种重要的改革形式，混合所有制企业结合了国有资本与非国有资本的优势，旨在通过优化资本结构和治理机制，提升企业的市场竞争力和管理效率。然而，在实际操作过程中，这一改革也带来了许多复杂的治理问题，急需深入的理论与实践研究来指导。

本书聚焦国有企业混合所有制改革问题，深入探讨混合所有制国有企业的治理机制。包括混合所有制企业的基本概念与分类、控制权配置问题、股东博弈分析、委托—代理关系、管理层激励机制及员工持股机制等。

书中从理论和实践两个层面，对混合所有制企业的基本概念和分类进行了详细的探讨。通过明确混合所有制企业的定义及不同形式，揭示了其在国有企业改革中的核心作用和面临的主要挑战。同时，重点分析了混合所有制企业的控制权配置问题，包括不同股东间的控制权分配、特殊股权结构设计以及企业控制权配置与优化，以实现股东利益和企业发展的最佳平衡。

此外，本书还深入探讨了混合所有制企业中的委托—代理问题，通过构建相关模型，揭示了在多元化股东情形下如何设计有效的激励机制，以解决信息不对称和利益冲突的问题。本书还对混合所有制企业股东之间的博弈进行了详细分析，讨论了不同类型股东之间的利益博弈及其对企业治理的影响。这些分析有助于理解在混合所有制企业中，如何通过合理的治理结构来降低博弈带来的负面效应。

在管理层激励机制方面，本书探讨了混合所有制企业管理层的激励现状与问题，并提出了改进建议。书中还对员工持股机制进行了详细论述，分析了员工持股的不同阶段及其对企业发展的影响，并提出了构建科学合理的员工持股体系的建议。这些内容旨在通过有效的激励和持股机制，提高企业的整体经营效率和员工的积极性。

尽管本书在混合所有制企业治理机制的研究中提供了系统的分析和实用的建议，但仍存在一些不足之处。一方面，本书侧重于国有企业混合所有制改革治理的理论研究和模型分析，但对于具体个案的分析较少；另一方面，对国企混合所有制改革的制约和不确定性分析还有待进一步深入。

希望本书的研究内容能够为读者带来一些启发，并为混合所有制企业的治理提供有价值的理论支持和实践指导，为深入推进我国国有企业混合所有制改革贡献一份力量。

本书的出版得到了宁波工程学院学术出版经费的资助，特此谨致谢意！

闫森

2024 年 8 月 31 日于宁波

目　录

第一章　绪论

推进国有企业混合所有制改革，对于坚持和完善基本经济制度，提高国有资本运营活力和效率，改善供给结构、提升供给质量，加快形成新质生产力，具有重要意义。国有企业的混合所有制改革通过引入不同所有制资本，实现股权多元化，不仅能够激发国有企业的内在活力，促使国有企业在决策机制、管理模式等方面进行创新和优化，提高企业的市场竞争力和运营效率，而且能够带来更多的资金、技术和管理经验，拓宽企业的发展渠道和空间，进而优化资源配置，促进不同所有制经济实现高质量的协同发展。

然而，混合所有制国有企业的治理也面临诸多挑战。首先，不同所有制形式的资本方在企业治理中难免存在利益冲突，可能导致决策效率和治理效果的不确定性。其次，国有资本和民营资本的不同目标和期望可能影响企业的战略规划和执行。最后，混合所有制企业在公司治理结构、管理模式和监管机制方面，需要协调不同所有者的需求和期望，治理难度远超一般企业。

因此，研究混合所有制国有企业的治理问题，深入分析治理中的各类问题，有助于揭示改革过程中可能出现的冲突和问题，为企业管理者提供有效的决策支持，进而促进混合所有制国有企业健康发展，促进国有企业高质量发展。

第一节　研究方法与创新

一、研究方法

为了全面分析混合所有制国有企业治理中存在的问题，本书并提出了相应的机制和对策，重点运用了文献分析法、案例研究法、比较研究法和模型分析法等四种研究方法。

（一）文献分析法

书中第一章和第二章主要运用了文献分析法，系统梳理已有的学术研究成果，整理我国国有企业混合所有制改革的发展历程。并在此基础上，分析相关理论研究的发展动态及前沿问题，结合我国国企的混合所有制改革以及混合所有制国有企业运营现状，梳理主要的研究成果，为后续的研究奠定基础。

理论基础主要涉及委托—代理理论、公司治理理论、博弈论、控制权理论和企业产权理论。当前，这些理论已经取得了较为丰硕的研究成果，能够为深入研究我国混合所有制国有企业的治理问题提供较为完备的理论工具。

（二）案例研究法

书中运用案例研究与国际比较的方法，充分借鉴国内外混合所有制改革的相关案例，为我国国有企业的混合所有制改革实践提供经验借鉴。

混合所有制企业在国内外并不鲜见，也有很多成熟的运营模式和成功经验。本书通过整理并分析已有的案例，提炼现有案例中的主要模式和举措。这些先进经验，能够为解决我国混合所有制国有企业治理中存在的关键问题提供新的思路。

（三）比较研究法

本书运用比较研究法对不同国家在混合所有制改革中的经验进行了系统对比分析，包括英国、美国、日本、法国和韩国等国家的企业改革模式和运营实效。通过对不同国家企业改革的各种运营模式和具体措施的对比，结合各国企业改革面临的宏观环境，分析各国针对混合所有制企业出台的法律法规和政策的必要性和合理性，为优化我国国有企业混合所有制改革策略提供了国际视角和重要借鉴。

（四）模型分析法

模型分析法是本书的重要研究方法之一，特别是在书中第五章和第六章，通过构建委托—代理模型和博弈模型，深入研究混合所有制企业中的治理问题。

本书构建了多种情形下的委托—代理模型，并根据模型的结果讨论相应的激励机制，这有助于系统分析委托—代理问题的影响要素，并能够量化各类影响要素对于企业运营实效的影响。

本书运用博弈模型分析了股东与股东、股东与经营者，以及股东与员工之间的互动和博弈关系。探讨了国有资本与非国有资本的博弈、股东掏空行为的博弈，以及政府的行政干预对企业运营的影响。通过博弈模型，能够揭示不同股东行为对企业治理和决策的影响，量化分析控制权配置和股东权利分配的策略选择，为企业治理提供理论支撑和实践指导。

二、创新点

本书的创新点如下：

首先，本书创新性地构建了混合所有制国有企业中国有股东与非国有股东之间的博弈模型。这一模型从博弈论的视角详细分析了国有股东和非国有股东在企业决策过程中的互动关系和利益冲突，填补了传统研究中对股东博弈分析的不足。通过建立和分析股东权利分配、控制权争夺及战略决策等博弈情境，也揭示了股东行为对企业治理的影响，并提出了优化股东关系和决策机制的对策建议。

其次，本书构建了基于混合所有制国有企业的委托—代理模型，并在此基础上对企业所有者和管理层在不同情境下的最优策略进行了深入分析。这一创新弥补了传统委托—代理理论在混合所有制背景下的不足。通过深入分析多样化的委托—代理问题，提供了系统化的激励机制和控制策略。将混合所有制国有企业的两大任务——经济责任和社会责任引入委托—代理模型中，构建相应的委托—代理模型，为未来的相关研究奠定了理论基础并提供了新的思路。

再次，借鉴国际经验，提出了一套适用于混合所有制企业的业绩评价体系。这一体系综合考虑了经济责任和社会责任两种评价指标，旨在提升企业的管理效能和社会贡献。同时，构建了科学的业绩评价指标体系，并设计了相应的权重计算方法，保证了评价的科学性和公正性，有助于提升混合所有制国有企业的管理水平。

最后，通过分析国内外成功案例，提出了适用于混合所有制企业的员工持股架构。通过详细阐述员工持股的资金来源、股权管理和激励机制，为混合所有制企业实施员工持股计划提供了具体的架构和策略。这一创新不仅能提高员工的工作积极性和企业的整体效能，还能优化持股方案，确保激励效果的最大化。

第二节　研究对象的界定和基本概念

本书的研究对象是混合所有制国有企业，下文我们将厘清国有企业以及混合所有制国有企业的基本概念和主要类别。

一、国有企业的概念和分类

（一）国有企业的概念

国有企业，是指国务院和地方人民政府分别代表国家履行出资人职责的国有独资企业、国有独资公司以及国有资本控股公司，包括中央和地方国有资产监督管理机构和其他部门所监管的企业本级及其逐级投资形成的企业。国家拥有其资本所有权或者控制权，政府的意志和利益决定了国有企业的行为。国有企业是国民经济发展的中坚力量，是中国特色社会主义的支柱。

国有企业作为一种生产经营组织形式，同时具有商业类和公益类的特点，其商业性体现为追求国有资产的保值和增值，其公益性体现为国有企业的设立通常是为了实现国家调节经济的目标，起着调和发展国民经济各个方面的作用。

（二）国有企业的分类

2015 年 8 月 24 日，中共中央、国务院印发了《关于深化国有企业改革的指导意见》（以下简称《指导意见》），这是新时期指导和推进我国国企改革的纲领性文件。《指导意见》首次提出将国有企业分为商业类和公益类两种，为我国国有企业实行分类改革、分类发展、分类监管、分类定责和分类考核提供了依据，意义重大。

根据《指导意见》的界定，商业类国有企业主要是处于关系国家安全、国民经济命脉的重要行业和关键领域，或处于自然垄断行业、经营专营业务、承担重大专项任务的企业；公益类国有企业则基本集中于民生行业，主要提供公共产品和服务。

其中，商业类国有企业可以进一步划分为两类不同情况：

一类是主业处于充分竞争行业和领域的企业，也就是人们常说的竞争性国有企业，现有大部分国企均属这类。这类企业追求盈利性经营目标，经济效益优先，遵循优胜劣汰原则。其股权结构是多元化的，由市场竞争规律决定。具体监管完全按照《中华人民共和国公司法》（以下简称《公司法》）规定。这类企业要以市场为导向，引入社会资本，积极发展混合所有制经济，促进企业体制机制创新，打造充满生机活力的市场竞争主体。重要骨干企业可以保持实体（集团）公司形式，具备条件的可以改组为国有资本投资公司，其他企业可以通过混合所有制改革或整体上市后由国有资本运营公司持股。

另一类是主业处于关系国家安全、国民经济命脉的重要行业和关键领域，或处于自然垄断行业、经营专营业务、承担重大专项任务的企业。如输电、管道燃气、自来水、铁路运输、水利基础设施建设等。这类企业具有混合特征，承担一种特定的国家功能，而该功能的实现又要求企业以自身发展和经营活动为基础。其股权结构是国有控股的股权多元化，需要具体行业方面的法律来监管。这类企业可以保持实体（集团）公司形式，也可以改组为国有资本投资公司，根据业务特点推出所出资企业的混合所有制改革。对自然垄断行业实行以政企分开、政资分开、特许经营、政府监管为主要内容的改革，根据不同行业特点实行网运分开、放开竞争性业务，促进公共资源配置市场化。对特殊业务和竞争性业务实行业务板块有效分离，独立运作、独立核算。

公益类企业是以社会效益为导向，以保障民生、提供公共产品和服务为主要目标的企业。此类保障性和公益性较强的企业，国家应该保持绝对的控制力，国有资本绝对控股。这类企业要按照市场规则提高公共服务效率和能力，必要的产品或服务价格可以由政府制定，在企业确保财务收支公开透明、运行有效的前提下，发生政策性亏损时政府给予补贴。这类企业主要采取实体（集团）公司形式，可根据业务特点推出所出资企业的混合所有制改革。通过购买服务、特许经营、委托—代理等方式，鼓励符合相关资质条件的非国有企业参与经营。支持已引入非国有资本的企业规范经营，健康发展。商业类和公益类企业基本属性都是企业，是独立的市场主体，经营机制都必须适应市场经济的要求。作为中国特色社会主义市场经济条件下的国有企业，两类企业都必须服务于国家战略，履行社会责任。（见表 1－1）

表 1－1　　　　国有企业的分类与混改方向

类别	所在行业	股权要求	混改方向
商业类 国有企业Ⅰ	充分竞争行业	相对控股	通过交叉持股、共同投资、整体上市等方式，将更多的国有企业发展成为混合所有制企业

续表

类别	所在行业	股权要求	混改方向
商业类国有企业Ⅱ	重要基础设施行业	国有独资或控股	鼓励民间资本在这些基础设施行业的建设和经营环节广泛参与
	重要自然资源行业	国有独资或控股	在强化环境、质量、安全监管的基础上，允许非国有资本进入，依法依规有序参与
	重要传输网络行业	自然垄断属性的“主业”要实行国有独资或绝对控股	竞争性的“辅业”可以向社会放开，允许非国有资本平等进入
	重要技术、数据和战略物资行业	国有独资或绝对控股	非国有企业也可以在部分行业进行投资参股、特许经营和参与政府采购
	国防军工等特殊产业	国有独资或绝对控股	支持非国有企业参与武器装备科研生产、维修服务和竞争性采购
公益类国有企业	不可分性的准公共服务	国有独资	可通过购买服务、特许经营、委托—代理等方式，鼓励符合相关资质条件的非国有企业参与经营
	具有自然垄断性的公共服务	国有独资	

资料来源：《中共中央 国务院关于深化国有企业改革的指导意见》（国发〔2015〕36号）。

二、混合所有制国有企业的概念和分类

（一）混合所有制国有企业的概念

混合所有制国有企业是指由不同性质的所有者共同出资形成的企业，其中既包括国有资本（即政府或国有企业持有的资本），也包括非国有资本（如私营资本、外资或其他社会资本）。这种企业形式在所有制结构上呈现出多样化和混合化的特征，反映了不同所有者在企

业中的资本占比和治理权利。具体来说，混合所有制不仅指一个国家或地区整体经济中多种所有制形式的并存，更强调在单个经济单位中，通过资本合作或股权结构的混合，形成具有不同所有制背景的企业。

从宏观角度看，混合所有制经济体现了一个国家或地区经济结构的多样性。这种经济形态打破了传统公有制与私有制的界限，促进了公有制与非公有制经济的融合，增强了市场经济的灵活性和活力。在大范围的经济体系中，混合所有制经济通过不同所有制形式的共同参与，能够优化资源配置，提升经济效率，并推动经济的全面发展。

从微观角度看，混合所有制经济关注的是具体企业中的资本和所有权结构。在这些企业中，国有资本和非国有资本共同出资，并在企业运营、决策及利润分配中享有相应的权益。这种结构的主要目的是实现资源共享和优势互补，通过不同所有者的共同参与，优化企业的管理和运营模式。混合所有制经济正是指这种微观层次上的混合所有制。其通过引入非国有资本，改革国有企业的所有制结构，增强企业的市场竞争力和创新能力。

因此，混合所有制国有企业的概念不仅涉及不同所有者形式的资本组合，还包括这些资本在企业治理、运营和收益分配中的相互作用。通过实现所有制的多样化，混合所有制企业旨在发挥不同资本的优势，提高企业整体的经济效益和竞争力。

（二）混合所有制国有企业的分类

混合所有制国有企业的分类可以从多个角度进行分析，主要包括资本结构、控股形式、经营模式和行业领域等方面。

（三）资本结构分类

根据混合所有制国有企业的资本结构，可以将其分为以下几类：

①控股型混合所有制企业：在这种企业中，国有资本占据控股地位，即国有资本持有企业的多数股份。这种结构下，国有资本在企业治理中拥有主导权，但也引入了非国有资本以增强企业的资金实力和市场竞争力。

②平等型混合所有制企业：国有资本和非国有资本的持股比例接近或相等，各方在企业治理中享有平等的权利和责任。这种结构促进了各方资本的平等参与和合作，增强了企业的多样性和灵活性。

③非国有资本控股型企业：非国有资本持有企业的多数股份，国有资本作为少数股东参与企业的治理和决策。这种形式通常用于引入市场化机制，推动企业的改革和发展。

（四）控股形式分类

混合所有制国有企业还可以根据控股形式进行如下分类：

①战略投资型混合所有制企业：国有资本通过引入战略投资者，以获取技术、市场资源或战略合作伙伴。这种企业通常在引入非国有资本的同时，保持国有资本对企业的核心战略控制。

②财务投资型混合所有制企业：非国有资本主要作为财务投资者参与，关注的是投资回报而非企业的战略决策。国有资本在企业中维持较高的控制权和决策权，非国有资本主要提供资金支持。

（五）经营模式分类

根据经营模式的不同，混合所有制国有企业可以分为以下几类：

①完全自主经营型混合所有制企业：企业在资本结构混合的基础上，保持自主经营，依靠市场机制进行管理和决策。国有资本和非国有资本在企业内部通过合同或协议明确各自的权利和义务。

②混合经营型混合所有制企业：企业在经营中采用混合管理的模式，即结合国有企业的特点和市场化运营机制进行管理，以实现更高

的经营效率和灵活性。

（六）行业领域分类

根据企业所在行业的不同，混合所有制国有企业可以分为以下几类：

①基础设施领域的混合所有制企业：如电力、交通、通信等行业，这些领域通常涉及重大公共利益和国家安全，混合所有制形式有助于引入市场资本，同时保持必要的国有控股地位。

②高技术和创新领域的混合所有制企业：例如信息技术、生物医药等行业，通过引入非国有资本，推动技术创新和市场拓展，提升企业的研发能力和市场竞争力。

通过以上分类，我们可以更好地理解混合所有制国有企业的多样性和复杂性。不同类型的混合所有制企业在资本结构、控股形式、经营模式和行业领域上的差异，也使混合所有制经济在实践中展现出了丰富的形式和功能。

第三节　国有企业混合所有制改革的发展历程

国企改革的目的在于让以国有企业为代表的公有制适应社会主义市场经济的要求。随着经济体制改革的深化，以公有制为主体的多种经济形式共同发展这一基本经济制度的改革显得尤为迫切。其中，国有企业的改革成为重中之重。传统国有企业存在诸多弊端，但受传统观念的影响，人们很少质疑国有企业这一社会主义公有制的结构，不愿意承认其中存在的根本问题。从 1955 年到 1977 年，改革仅限于中央政府将部分权力下放给地方政府，而在企业层面，行政权力的下放并未改变国有企业作为政府附属物的地位。

真正的改革突破始于 1978 年召开的中共十一届三中全会后的思

想解放运动和对外开放。社会主义经济作为一种计划经济思想开始与商品经济的法律地位相结合。此后，各种制度的优劣被广泛比较，政府主导的国有企业改革作为经济体制改革的核心也随之启动。国有企业改革是分阶段进行的，但各阶段之间的时间界限难以明确，因为许多改革是交叉进行的。但一般而言，我国国有企业改革大致可以划分为以下五个阶段。

一、初期探索阶段（1978—1980年中期）

1978年，中国开启了改革开放的大门，经济体制从高度集中的计划经济向市场经济转型。这一时期，中国的国有企业在国民经济中占据主导地位，但由于计划经济体制下的高度集权管理，国有企业普遍存在效率低下、缺乏活力、创新能力匮乏等问题。此外，国有企业仍沿用传统的计划经济模式，缺乏自主经营权，利润和决策权集中在政府手中，导致企业发展受限，资源配置效率低下。

面对上述问题，政府开始尝试在国有企业中引入更多的自主权，以激发其内生动力。1979年，政府在四川省等地率先开展了扩大企业自主权的试点，赋予部分国有企业一定的自主经营权。这些试点企业可以保留部分利润，并在生产、销售和投资等方面享有更大的决策权。1981年，国务院进一步推行“经济责任制”，要求国有企业承担更多的经济责任，并基于企业的经营绩效进行利益分配。这一阶段，尽管混合所有制尚未成为改革的重点，但扩大企业自主权和推行责任制的方式，为后续混合所有制改革奠定了基础。

初期探索阶段的改革，使部分国有企业的经营效率有所提升，企业管理层的积极性得到一定程度的激发。然而，由于改革范围有限，企业依然面临市场竞争力不足、产权不清晰等问题。此外，改革的侧重点在于内部管理体制的调整，并未真正触及所有制结构的变化，因此对提升企业整体竞争力的效果十分有限。

二、股份制试点阶段（1980年后期—1990年中期）

随着经济体制改革的深入，政府意识到仅靠内部管理体制的调整难以彻底解决国有企业面临的效率低下问题，要使国有企业真正适应市场经济的要求，必须在所有制结构上进行更加深入的改革。此时，股份制因为可以通过引入多种所有制成分，优化国有企业的治理结构，提高企业的市场竞争力，开始被视为一种有效的企业组织形式。

1984年，国务院批准一批国有企业进行股份制改革试点，部分大型国有企业开始通过发行股票、引入社会资本，逐步向股份制企业转型。1986年，深圳特区成立了中国第一家股份制企业——“深发展银行”，标志着中国股份制改革进入实践阶段。

股份制改革不仅涉及企业的股权结构调整，还推动了企业治理机制的变化。企业的所有权由过去单一的国家所有，转变为多元化的股权结构，形成了多方利益主体共同参与的治理模式。

股份制试点阶段的改革取得了显著成效，部分国有企业通过股份制改造，实现了资本的多元化和治理结构的优化，企业的市场竞争力有所提升。然而，由于当时的市场环境和法律制度尚不完善，股份制改革仍面临一些挑战。首先，企业的产权关系仍不够清晰，国有资本的退出和引入过程存在一定的制度障碍。其次，股份制改革主要集中在少数试点企业，尚未在全国范围内全面推广。

三、大规模推进改革阶段（1990年中期—2000年初）

进入1990年，中国的经济体制改革进入一个关键阶段。1992年，邓小平南方谈话进一步明确了市场经济的改革方向，混合所有制改革被正式纳入中国经济体制改革的总体布局。为了应对全球化竞争的压力和国内经济发展的需求，政府决定在更大范围内推进混合所有制改革，力求通过引入社会资本和市场机制，增强国有企业的活力和竞争力。

在这一阶段，政府提出了“抓大放小”的改革战略，即对关系国计民生的国有大型企业进行股份制改造，同时将一些小型国有企业通过拍卖、租赁、承包等方式转让给非国有资本。1994 年，《中华人民共和国公司法》的颁布实施，为国有企业的股份制改革提供了法律依据，进一步推动了混合所有制的发展。

同时，国有企业也在通过上市、合资合作、并购重组等方式，引入社会资本，扩大资本来源，优化股权结构。例如，中国石油、中国石化等大型国有企业在这一阶段成功上市，成为具有全球竞争力的混合所有制企业。此外，政府还推动了国有资产管理体制改革，成立了国有资产管理委员会，负责国有资产的监督和管理，确保国有资本在混合所有制企业中的保值增值。

这一阶段的混合所有制改革，显著提升了国有企业的市场竞争力和经营效率，特别是在资本市场的推动下，大量国有企业实现了规模扩张和资源整合。然而，改革过程中也出现了一些问题，例如部分企业在混合所有制改革中存在“国有资产流失”的现象，一些地方政府在引入社会资本时，未能严格遵循市场规则，导致国有资产贬值和流失。此外，企业治理结构在改制后仍未完全理顺，国有资本的管理和监督机制有待进一步完善。

四、全面深化与制度化阶段（2000 年初至今）

随着经济全球化的加速和国内市场化改革的深化，国有企业面临的市场环境更加复杂多变。为应对新形势，政府进一步明确了混合所有制改革的方向，强调要建立现代企业制度，使国有企业真正成为市场竞争的主体。同时，政府也认识到，混合所有制改革不仅是企业层面的产权改革，更是国家治理结构的调整，需要在制度层面予以保障和规范。

因此，政府在推进混合所有制改革时，更加注重制度建设和规范管理。2003 年，国务院成立了国资委（国有资产监督管理委员会），负责全国国有企业的资产管理和监督，标志着国有资产管理体制改革进入新的阶段。国资委的成立，使国有企业的混合所有制改革有了更为明确的管理和监督主体，推动了国有资本的规范运作。

此外，政府在大型国有企业中推动了“股权多元化”改革，引入非国有资本作为战略投资者，以优化股权结构，提升企业治理水平。2008 年，国务院发布《关于深化国有企业改革的指导意见》，明确提出要以建立现代企业制度为目标，进一步深化混合所有制改革，推动国有企业在市场化运作中实现产权多元化和股权结构优化。

全面深化制度化阶段的改革，使国有企业的混合所有制改革更加规范化、制度化。通过股权多元化和治理结构优化，国有企业的市场竞争力显著增强，部分国有企业在国际市场上取得了领先地位。然而，这一阶段的改革过程中仍存在一些挑战。例如，国有资本在企业中的主导地位与市场化管理之间的矛盾依然存在，企业治理结构尚未完全适应市场经济的要求。此外，国有资产管理和监督机制仍需进一步完善，以防止国有资产流失和管理不善的问题。

五、高质量发展与优化治理阶段（2010 年至今）

进入 21 世纪第二个十年，中国经济进入新常态，国有企业面临着新的发展挑战和机遇。随着国内外市场环境的变化，国有企业的混合所有制改革逐渐从注重规模扩张转向注重高质量发展。政府开始强调在改革中提升国有企业的治理水平、市场竞争力和创新能力，确保国有企业在新形势下实现持续健康的发展。

当前，政府在继续推进混合所有制改革的同时，特别强调优化国有企业的治理结构和管理效率的提升。2013 年，党的十八届三中全会提出，要积极发展混合所有制经济，完善国有资本管理体制。2015 年 8 月，中共中央、国务院印发《关于深化国有企业改革的指导意见》，这是新时期指导和推进国有企业改革的纲领性文件。该指导意见明确提出“推进国有企业混合所有制改革。以促进国有企业转换经营机制，放大国有资本功能，提高国有资本配置和运行效率，实现各种所有制”。并明确了“引入非国有资本参与国有企业改革”“鼓励国有资本以多种形式入股非国有企业”，以及“实行混合所有制企业员工持股”的改革路径。

此后，各级政府和企业相继出台了具体的改革方案，以加快推进混合所有制改革。其中，电力、石油、天然气、铁路、电信、航空、军工等领域均取得了显著进展。例如，中石化销售公司引入社会资本，实现股权多元化，成为混合所有制改革的典型案例。同时，大量国有企业通过上市、引入战略投资者等方式，优化股权结构，提升了市场化水平。另外，国有企业在改革实践中也创新了多种混合所有制模式，包括员工持股、管理层持股、设立产业基金等，进一步增强了企业的内生动力和市场竞争力。

然而，国有企业改革过程中也遇到了诸多问题。主要体现为：在一些混合所有制企业中，国有资产与社会资本的产权界定仍不够清晰，权责不明、管理效率低下；部分国有资产流失的风险未能完全规避，存在低价出售国有股权的现象，损害了国有资本的利益；公司治理结构尚未完全理顺，部分企业在引入社会资本后，仍然存在“一股独大”的问题，未能真正实现股东权利的平等和管理层的有效激励；在一些地方和行业，混合所有制改革政策执行不到位，改革进展缓慢，未能充分发挥混合所有制在提高企业竞争力方面的作用。

第四节　本书思路与结构安排

一、研究思路

本书系统梳理了与混合所有制国有企业改革相关的核心理论，包括委托—代理理论、公司治理理论、博弈论、控制权理论和企业产权理论等。基于以上理论，本书也对当前我国混合所有制国有企业的治理问题进行了深入研究。通过分析当前我国国有企业混合所有制改革的现状以及遇到的障碍和问题，结合国外混合所有制企业管理和运营的先进经验，运用模型分析，对比分析、归纳总结等多种研究方法，系统梳理了我国混合所有制企业中国有股东、非国有股东、企业管理层、企业员工以及政府相关部门等错综复杂的相关关系及其对混合所有制改革和混合所有制国有企业运营的影响。基于分析的结果，本书也提出了推动我国国有企业混合所有制改革以及完善混合所有制企业治理机制的一些对策建议。

二、结构安排

本书旨在系统地探讨混合所有制国有企业治理问题。全书共分为八个章节，每一章围绕不同的研究重点进行深入分析，最终形成一个完整的研究框架。

（一）第一章：绪论

本章对本书的研究背景、方法及创新点进行了详细介绍。首先，阐述了研究方法，包括理论分析和实证研究的方法，强调了研究中的创新点，如博弈模型、委托—代理模型及国际经验的借鉴等。其次，界定了研究对象的基本概念，详细解释了国有企业和混合所有制国有企业的定义与分类，并梳理了国有企业混合所有制改革的历程。最后，对本书的结构做了简要介绍。

（二）第二章：理论基础

本章系统梳理了支持混合所有制国有企业改革的核心理论，包括委托—代理理论、公司治理理论、博弈论、控制权理论和企业产权理论等。通过这些理论，深入探讨国有企业的混合所有制改革，为后续的研究奠定基础。

（三）第三章：混合所有制企业改革的难点和国际经验借鉴

本章重点分析了混合所有制企业改革中的主要难点，如改革进展缓慢、资产流失、行政化问题及控制权冲突等。同时，梳理了英国、美国、日本、法国和韩国等国家的混合所有制改革模式并结合发达国家的经验，提出了适合我国国情的一些改革策略和发展趋势。

（四）第四章：混合所有制改革背景下国有企业控制权配置

本章探讨了在混合所有制改革背景下，国有企业控制权的配置问题。通过分析控制权的特殊安排和优化策略，特别是淡马锡模式的核心与实践，提出了优化控制权配置的一些具体措施。这些措施旨在提高国有企业的治理水平和运营效率，为混合所有制企业的控制权配置提供具体的指导和建议。

（五）第五章：混合所有制国有企业股东的博弈分析

本章基于博弈论分析了混合所有制国有企业股东之间及股东与企业经营者、员工之间的博弈关系。通过构建博弈模型，讨论股东之间的利益冲突以及行为对企业治理的影响，并提出优化股东关系和公司治理的一些策略。

（六）第六章：混合所有制国有企业的委托—代理模型

本章构建了混合所有制国有企业的委托—代理模型。通过分析不同情境下的最优策略，探讨了所有者与管理层之间的激励机制和代理问题，并通过模型分析提供了一些理论支持和实证依据，旨在为解决实际问题提供一些有效的解决方案，优化企业内部的激励机制。

（七）第七章：混合所有制国有企业的管理层激励机制

本章分析了混合所有制国有企业管理层的激励机制。探讨了混合所有制国有企业管理层的特点和业绩评价方法，提出了基于客观和主观指标的业绩评价体系，并提出了相应的激励机制，以期提升企业管理效能和绩效，激发管理层的积极性和创造力。

（八）第八章：混合所有制国有企业员工持股机制

本章树立了员工持股制度的发展历程，分析了员工持股对企业发展的作用，并借鉴国际经验，提出了适用于混合所有制企业的相关员工持股架构。

综上，本书聚焦混合所有制国有企业的治理问题，深入分析了混合所有制国有企业各方的互动关系，提出了机制优化路径，为推动我国国有企业的混合所有制改革提供了一些决策参考，也能为相关学术研究者提供一定的理论支撑。

本章小结

本章介绍了国有企业混合所有制改革的意义及治理面临的挑战。通过引入多元资本，混合所有制改革能够激发企业活力，提升市场竞争力，优化资源配置。然而，治理过程中可能出现利益冲突、战略规划差异等问题，需特别关注不同所有者的需求协调。同时，介绍本书结合文献分析、案例研究、比较研究和模型分析四种方法，深入探讨了相关治理问题。创新点在于构建股东博弈模型、委托—代理模型，并借鉴国际经验，提出了适用于混合所有制企业的绩效评价体系和员工持股架构。

第二章　理论基础

关于现代企业治理，业界已经形成了较为完善的理论体系，包括公司治理理论、委托—代理理论、控制权理论、企业产权理论、博弈论等。这些理论研究已经形成了较为丰富的研究成果，也为我国混合所有制国有企业的治理研究提供了较为坚实的理论支撑和较为丰富的分析工具。

第一节　委托—代理理论

一、代理理论

代理理论（Agency Theory）作为契约理论的核心分支之一，主要研究企业内部代理关系的结构与动态（张维迎，1995）。这一理论起源于对企业“所有权和经营权”分离现象的观察。在传统业主制企业中，资本所有者通常直接参与企业经营，所有权和经营权高度集中。然而，随着生产日益复杂，现代企业对于管理者的要求也越来越高，许多股东无法承担企业经营的重任，因此需要聘请具备专业知识的管理者作为代理人，从而形成了委托—代理关系。在这一框架下，股东作为委托人，享有企业的剩余索取权（张维迎，1996），即扣除所有固定契约支付后的收入部分，并持有企业关键决策的控制权。管理者作为代理人，掌握企业运营的一般决策权，即企业的剩余控制权。

尽管理论上股东可以通过非常详尽的契约来使管理者的行为与自身利益一致，但在实际情况中，企业契约通常是不完备的（Grossman & Hart，1986），因为任何契约都无法罗列所有可能的情境。契约的不完备性加上管理者的自利动机，使管理者有可能利用自己的信息优势牟取私利，损害股东的利益。代理理论的研究表明，这种不完备性使管理者在履行职务时可能利用剩余控制权追求个人利益，从而引发各种代理问题。

亚当·斯密（Adam Smith）1776年在《国富论》中首次讨论了“所有权和经营权”分离的后果。他指出：“要想股份公司董事像私人合伙公司合伙人那样细致地监督财务用途是极其困难的……因此，股份公司常常存在疏忽和浪费，这在业务经营中难以避免。”这一观点引发了后续对股份公司治理结构的深入探讨。伯利（Berle）和米恩斯（Means）1932年在《现代公司与私有财产》一书中系统地分析了现代股份制企业中所有权和经营权的分离，并讨论了其经济后果。他们发现，随着公司规模的扩大，原始股东逐渐失去对公司的绝对控制权，股份被广泛分散，导致企业管理者作为实际控制者获得了更多权力，并可能将公司资源用于个人利益，从而引发委托人和代理人之间的目标冲突。伯利和米恩斯的统计数据显示，在1929年美国的200家非金融类公司中，44%的公司没有超过20%股份的单一股东，这些公司的经营管理主要由管理者控制。

后续的一些研究进一步丰富了代理理论的内涵。例如，阿罗（Arrow，1964）和威尔逊（Wilson，1968）从风险分配的角度探讨了代理问题。研究表明，委托人和代理人之间存在风险偏好的差异：委托人作为企业所有者，承担获取经济利益的风险；而代理人作为管理者，往往具有风险厌恶倾向，更关注个人收益的最大化。这种风险偏好的差异会引发意见分歧，从而产生代理问题。罗斯（Ross，1973）、詹森和梅克林（Jensen & Meckling，1976）进一步扩展了这一视角，探讨了不同目标和劳动分工背景下的代理问题。

在信息经济学的视角下，代理理论进一步发展出两个主要分支：实证主义代理理论（Positivist Agency Theory）和委托—代理理论（Principal-Agent Theory）（Jensen，1983）。这两种理论虽然分析单元相同（即委托人和代理人之间的契约），但在研究重点和方法上存在显著差异。实证主义代理理论侧重于实际契约和行为的实证研究，旨在通过数据分析揭示代理关系中的实际问题和解决方案。例如，艾森哈特（Eisenhardt，1989）探讨了在信息不对称条件下如何通过契约设计减少代理成本。相比之下，委托—代理理论更关注于理论模型的构建和假设检验，探讨如何通过理论框架理解和解决代理问题。这一理论框架对代理问题的研究提供了重要的理论支持，并推动了相关领域的进一步研究（Bolton & Dewatripont，2005）。

二、实证主义代理理论

实证主义代理理论着重于探讨委托人与代理人之间可能出现的目标冲突以及限制代理人自利行为的治理机制。詹森（Jensen）和麦克林（Meckling）1976年发表的《企业理论：管理者行为、代理费用与所有权结构》成为该领域的奠基之作。在这篇经典文献中，詹森和麦克林首次引入了“代理成本”概念，描述了在所有权与经营权分离的背景下，股东面临的代理问题。他们指出，股东的主要目标是实现利益最大化，这通常依赖于管理者的努力。然而，管理者在承担较高个人成本的同时，往往面临更低的收益分享，而“偷懒”或其他自利行为的成本较低，潜在收益较高。因此，作为追求自身效用最大化的理性行为者，管理者可能不会始终以股东利益最大化为目标。这种行为导致公司价值通常低于股东和管理者利益一致时的价值，两者之间的差额被称为代理成本。具体而言，代理成本包括监督成本、约束成本和剩余损失：

监督成本：股东为确保管理者不损害自身利益而进行的监管开支。

约束成本：管理者为避免损害股东利益或面临惩罚而支付的费用。

剩余损失：由于管理者决策与股东偏好不一致而造成的福利减少

的货币损失。

三者中，前两者为显性成本，通过契约约定可以有所控制，而剩余损失则属于隐性成本，难以直接观测。

詹森和麦克林提议，通过让管理者使用自有资金或举债购买公司所有股份，从而成为剩余收益的唯一拥有者，可以降低代理成本。然而，由于债务融资本身带来“债务的代理成本”，如投资决策的机会成本损失、监督和约束成本以及破产和重组成本，这一理论在实际操作中难以完全实现。因此，詹森和麦克林进一步阐述了企业所有权结构实际上是“股权代理成本”和“债权代理成本”综合权衡的结果。

近年来，关于代理问题的控制机制的研究也有了显著进展。法马（Fama，1980）提出用资本市场和劳动力市场通过信息机制来约束管理者的自利行为，强调了市场的监控作用。法马和詹森（1983）发现，董事会作为监督机制能够有效约束管理者的机会主义行为。詹森（1984）等进一步提出了“金色降落伞”和“企业狙击手”机制，这些机制在限制管理层自利行为方面发挥了重要作用。例如，“金色降落伞”指当管理者被解雇时，为其提供丰厚的补偿，以降低其机会主义行为的激励；而“企业狙击手”则指通过外部收购的威胁来约束管理层的行为。

近年来，实证主义代理理论的研究也关注了信息系统的发展如何缓解代理人的机会主义动机。信息技术的进步使股东可以更容易地获取和分析管理者的行为数据，从而提高管理的透明度。例如，戈姆珀斯（Gompers）、石井和梅特里克（Ishii & Metrick，2003）的研究表明，具有更高股东权利的公司在治理上表现更优，能够更有效地减少代理成本。

总的来说，实证主义代理理论的研究集中于两大命题：其一，结果导向的激励契约有助于缓解代理人的机会主义动机。通过设计使股东和管理者收益相关的契约，可以在风险偏好和利益目标上实现更好的协调。其二，信息系统的发展有助于缓解代理人的机会主义动机。

当股东能够获取足够的信息以识别和评估管理者的行为时，管理层更可能按照股东的利益诉求行事。

三、委托—代理理论

委托—代理理论（Principal-Agent Theory）的发展受益于众多研究者的贡献，包括威尔逊（Wilson，1968）、斯彭斯（Spence）和泽克豪瑟（Zeckhauser，1971）、罗斯（Ross，1973）、米尔里斯（Mirrlees，1974）、霍姆斯特伦（Holmstrom，1979，1982）以及格罗斯曼（Grossman）和哈特（Hart，1983）等。该理论主要关注信息不对称条件下如何设计最优激励契约。与实证主义代理理论相比，委托—代理理论具有两个显著特点：首先，它更广泛地研究了委托—代理关系，例如雇主与雇员、买卖双方之间的关系（Harris & Raviv，1978）；其次，它倾向于使用形式化的数学模型来探讨委托人和代理人的利益关系，并从模型中推导结论。

在经典的委托—代理模型中，存在三个基本假设：①委托人和代理人之间存在目标冲突；②结果变量可以直接量化；③代理人比委托人更厌恶风险。信息完全对称时，委托人可以直接观察代理人的行为，此时基于行为的契约是最有效的。然而，在信息不完全对称的情况下，由于目标冲突和信息不对称，代理人可能不会按照委托人利益最大化的方式行事，且委托人无法直接观察代理人的行为，从而引发代理问题。这些问题主要表现为道德风险（Moral Hazard）和逆向选择（Adverse Selection）。其中，道德风险源于代理人可能在工作中怠工，而逆向选择则由于委托人在雇佣时难以评估代理人的能力，可能导致能力较差的代理人被聘用（Holmstrom，1979；Shavell，1979）。

为了应对这些问题，委托人通常有两种选择：①优化决策层设计改善信息环境，增强透明度；②建立基于代理人行为结果的激励契约，将部分风险转移至代理人，以协调双方的利益冲突。然而，企业的经营结果不仅取决于代理人的行为，还受到宏观经济环境、行业竞争状况、技术变革等外部因素的影响。结果的不确定性较低时，将风险转移给代理人的成本较低，此时结果导向的激励契约较为有效；但随着结果不确定性的增加，转移风险的成本也会上升，从而会削弱这种激励契约的有效性（Demski & Feltham，1978；Harris & Raviv，1979）。

基于标准委托—代理模型的理论框架，研究者们进行了多方面的拓展研究。首先，部分研究放宽了代理人风险厌恶的假设，讨论了在不同风险态度下的最优激励契约。例如，麦克里蒙和韦伦（MacCrimmon & Wehrung，1986）指出个体对风险的态度是可变的。当代理人风险厌恶程度降低时，结果导向的激励契约能够更有效地解决问题；相反，当风险厌恶程度增加时，结果导向的激励契约可能并不适用。其次，研究者们放宽了结果可以直接度量的假设，探讨了在结果不确定性较高情况下的最优激励契约设计。这些研究表明，许多任务需要较长时间完成或通过团队合作进行，结果可能难以在短期内直接测度，因此片面采用结果导向的激励契约未必有效。只有在结果能够可靠测度时，结果导向的激励契约才是合理的（Holmstrom，1982；Radner，1981）。

此外，研究者们也从多次重复博弈的视角对标准委托—代理模型的重新审视提供了重要见解。例如，法马（1980）和拉德纳（Radner，1981）探讨了在长期委托—代理关系中，委托人可以通过重复博弈更准确地识别和评估代理人，从而实现帕累托最优的风险分担和激励方式。兰伯特（Lambert，1983）进一步研究了如何通过长期互动优化契约安排，以减轻代理问题并增强激励效果。

四、其他类型的委托—代理问题

委托—代理理论不仅限于股东与管理者之间，还可以扩展到股东内部，尤其是大股东与中小股东之间。这一领域的研究扩展了传统的委托—代理问题，提出了由大股东的利益侵占行为引发的大股东与中小股东之间的委托—代理冲突（Principal-Principal Conflict）（Shleifer & Vishny，1997；Dharwadkar et al.，2000；Gilson & Gordon，2003）。这一冲突主要源于大股东与中小股东之间在目标和利益诉求上的差异，尤其在股权高度集中的公司结构中更为显著（Peng & Jiang，2010；Young et al.，2008）。

在股权集中度较高的公司结构中，控股股东通常通过其持有的优势投票权直接影响董事会的构成和管理层的任免。凭借对公司经营管理的控制权，控股股东可以为了自身私利操控公司的生产经营决策，而不顾这些决策是否会损害公司整体利益或中小股东的利益（Shleifer & Vishny，1997；Burkart et al.，1997；La Porta et al.，2002；Dyck & Zingales，2004）。特别是在中小股东权益保护机制不健全的情况下，控股股东对中小股东利益的侵害可能更为严重。

在实践中，大股东的利益侵占可以通过多种形式实现，而学术研究通常关注以下三种主要形式：

一是管理层布局（Managerial Talent）。控股股东通常重视通过掌控公司资源获得的无形私人收益（Gomez-Mejia et al.，2003；Morck et al.，2005）。为了维持这种资源控制力，控股股东可能忽视管理者的实际能力，仅仅基于战略布局将“自己人”安插在公司的关键岗位。虽然这种行为不会立即导致公司的有形资源被掠夺，但可能削弱公司的竞争力，从而对公司的长期业绩产生负面影响（Faccio et al.，2001）。

二是，并购决策（Mergers and Acquisitions）。并购作为公司发展的重要战略决策，其成败直接影响公司的发展前景和业绩表现。同时，并购也是控股股东实现其利益诉求的重要途径之一。研究表明，控股股东可能利用并购机会实现个人利益最大化，而忽视公司整体价值的提升（López-de-Silanes et al.，1999；Masulis et al.，2007）。

三是掏空行为（Tunneling）。掏空行为指通过关联交易等手段将公司资源转移至控股股东控制的实体。这种行为可能严重损害中小股东的利益，并导致公司整体价值的下降（Johnson et al.，2000；Bertrand et al.，2008）。而且掏空行为不仅侵害中小股东的权益，还会削弱公司的市场竞争力和财务稳定性。

此外，近年来的研究还探讨了控股股东与中小股东之间的其他形式的利益冲突，例如股东之间的信息不对称如何影响公司治理的有效性（Aghion & Bolton，1992；Lin & Hu，2007）。这些研究进一步揭示了股东内部的代理问题，并提供了改进公司治理结构的一些理论依据。

五、公司治理理论和机制

公司治理（Corporate Governance）是一种关键的机制设计，用以监督和保障公司经营管理的顺利进行。在当今日益复杂的经营环境中，优良的公司治理对于企业的长期绩效和可持续发展至关重要，成为提升经济效率和增强投资者信心的重要因素。回顾现有的研究文献，可以发现，研究者们对公司治理的定义尚未达成一致共识。例如，一些研究者从制度安排的角度界定公司治理，将其视为一套服务于特定目标的制度设计。对于这些特定目标的内容，不同研究者持有不同的观点。钱颖一（1995）认为，公司治理的制度安排旨在调控股东、管理层和员工等利益相关者之间的关系，以实现相关经济利益；而拉波塔（La Porta，2000）等则认为，公司治理的目的是保护外部投资者免受内部管理层的侵害；雷扎伊（Rezaee，2009）则认为公司治理的目标是引导管理者按照股东利益最大化的原则行事，借此传递信心，促进资本市场的有效运作。

除了制度安排的视角，研究者们还从其他视角对公司治理进行了探讨。例如，吴敬琏（1994）在其著作《现代企业与企业改革》中，将公司治理定义为由股东、董事会和管理层构成的一种组织结构。通过这种结构，三者之间能够达成平衡关系。经济合作与发展组织（OECD）则将公司治理定义为由法律法规和公认的商业惯例组成的管理和控制体系。通过该体系，可以有效管理股东与管理层之间以及公司投资者之间的关系。尽管研究者们对公司治理的具体定义有所分歧，但综合来看，现有研究一致认为公司治理是一系列管理和控制公司的流程和机制。

需要注意的是，在实际操作中，并不存在适用于所有公司的统一的公司治理模式。最优的公司治理模式通常取决于多个因素，包括社会价值观、商业环境、竞争状况、法律环境以及所有权结构等。

基于对公司治理本质的理解，下文将对公司治理理论和公司治理机制进行简要叙述。

（一）公司治理理论

公司治理理论涵盖多种视角，用以探讨如何有效管理企业，以实现各方利益相关者的目标。其中主要包括代理理论、现代管家理论、利益相关者理论和资源依赖理论。这些理论为公司治理提供了不同的框架和方法。

代理理论（Agency Theory）是最早的公司治理理论之一。该理论强调股东利益，认为企业的主要目标是为股东创造财富。代理理论基于资本强权理论和股东利益与社会利益统一理论。资本强权理论指出，由于资本的稀缺性、专用性和非流动性，企业的所有权应归资本所有者（股东），企业的管理活动应服务于股东利益。而股东利益与社会利益统一理论认为，通过优先考虑股东利益，企业也能促进社会福利。代理理论主要关注如何减少代理成本，设计有效的激励契约以对齐股东和管理者的利益。它的优势在于将公司治理的讨论范围集中在股东与管理者之间，并假设人的行为以自我利益最大化为导向，符合实际情况。

与代理理论相对的是现代管家理论（Stewardship Theory），该理论将管理者视为股东利益的忠诚“管家”（Donaldson & Davis，1991）。这一理论认为管理者不仅是理性自利的决策者，还可能是集体主义者，他们的个人效用与股东财富最大化相一致。管理者为了追求尊严、信仰和自我满足，会努力工作以实现股东利益。这种自我约束机制使管理者与股东的利益趋于一致。因此，现代管理理论主张通过授权、协调和精神激励来约束管理者，而非单纯地监督和控制。例如，将董事长和总经理两职合一被认为有助于明确领导权，从而推动企业发展。此外，该理论认为由执行董事、内部董事或关联董事组成的董事会更符合掌握全面信息的原则，有助于公司做出更有效的决策（Donaldson，1985；Davis et al.，1997）。

利益相关者理论（Stakeholder Theory），由弗里曼（Freeman，1984）提出，其主要关注企业除了股东外的其他利益相关者。这一理论主张企业不仅是追求股东利益的经济实体，也是具有社会责任和公共利益的社会组织。企业的利益相关者包括债权人、员工、供应商、消费者等，他们对企业的生存和发展投入了资本并承担了部分风险（李心合，2004）。利益相关者理论认为，公司治理的目标是实现所有利益相关者的价值最大化，强调利益相关者应共同参与公司管理。通过建立由利益相关者代表组成的董事会和监事会，或者通过派驻独立董事的方式来提升治理的包容性和公平性（Freeman，1984；Blair，1995）。

资源依赖理论（Resource Dependency Theory）则源于20世纪60年代，其主要探讨企业与外部环境的关系（Pfeffer & Salancik，1978）。该理论认为，企业无法自给自足，必须通过与外部环境的互动来获取所需资源。资源的稀缺性和不均衡分布使企业对外部资源产生依赖（马迎贤，2005）。在这种背景下，资源依赖理论强调董事会在资源支持方面的作用，认为董事会成员可以作为连接企业与外部资源的“工具”，通过提供信息、技术和管理技能等资源要素，帮助企业获取所需资源。为了增强企业的资源获取能力，资源依赖理论主张通过组建多元化的董事会、聘任连锁董事等方式拓宽企业的资源渠道（Gales & Kesner，1994）。

在最新的理论成果中，研究者们继续扩展和深化了这些理论。例如，近年来对代理理论的改进包括对环境、社会和治理（ESG）因素的关注，如何将这些非财务因素纳入公司治理框架成为新的研究方向。此外，随着数据分析和人工智能技术的发展，公司治理理论也开始考虑如何利用大数据和机器学习技术改进治理机制和决策过程。这些新兴理论和技术的应用为公司治理带来了新的视角和挑战。

（二）公司治理机制

公司治理机制在确保企业有效运作和实现股东价值最大化方面发挥着核心作用，包括董事会结构、管理层激励、非控股股东的作用、债务融资以及控制权市场等。近年来，学术界也提出了一些新的理论成果，对传统机制进行了拓展和改进。

董事会是公司治理的关键机构，其功能包括监督和资源支持（Fama & Jensen，1983；Johnson et al.，1996）。根据代理理论，董事会通过参与经营计划、投资决策以及对管理层的任免和考评来约束管理层，防止其出现机会主义行为。资源依赖理论则强调董事会在提供关键信息、技术和管理技能等资源方面的作用，支持公司的战略发展（Conner & Prahalad，1996；Young et al.，2001）。近年来，研究者们对董事会的构成和运作进行了深入研究，主要关注董事会的独立性、性别多样性以及国际化背景等因素对公司绩效的影响（Adams & Ferreira，2009；Terjesen et al.，2016）。这些研究表明，多元化和国际化的董事会可能对公司治理效果产生积极影响。

管理层激励机制的核心在于调动管理层的积极性并减少机会主义

行为。传统的激励措施包括货币薪酬、股票与股票期权（Demsetz，1983；Morck，1988；Stulz，1988），以及经营控制权激励和声誉激励（周其仁，1997；黄群慧，2000；Holmstrom，1999；Fama，1980）。近期的研究还关注管理层激励长期效果与短期效果的平衡（Bebchuk & Fried，2004），以及在激励设计中如何有效结合社会和道德责任（Kramer et al.，2019）。这些新成果表明，综合考虑管理层的长期激励与企业的社会责任可以更好地提高公司治理的效果。

非控股股东在股权集中型公司中扮演着重要角色，能够监督控股股东和管理层（Shleifer & Vishny，1997；Burkart et al.，1997；La Porta et al.，2002；Dyck & Zingales，2004）。最新的研究发现，非控股股东的权利和影响力可以通过法律框架和股东联盟等方式得到增强，以更有效地保护自身利益（Pagano & Roell，1998；Liu & An，2010）。此外，在全球化和跨国公司的背景下，非控股股东的作用和权益保护机制也在不断演变（Brav et al.，2008）。

债务融资的作用可以从两个角度来理解：减少管理层的自由现金流并提高管理层的努力性（Aghion & Bolton，1992；Dewatripont & Tirole，1994），以及债务融资对控制权的影响。最近的研究还探讨了债务融资对公司创新能力和长期战略的影响，发现适度的债务融资可以激励公司进行更多创新（Modigliani & Miller，1958；Graham & Harvey，2001）。此外，债务融资的结构性变化（如绿色债券）对公司治理的影响也成为新的研究方向（Flammer，2021）。

控制权市场通过接管、杠杆收购和重组等方式实现资产控制权的转移，对公司治理产生重要影响（郑志刚，2004）。最新的研究重点，关注控制权市场的动态变化如何影响公司的长期战略决策和治理效果（Jensen & Ruback，1983；Kaplan & Stein，1993）。这些研究表明，控制权市场的活跃程度与公司治理的质量密切相关，而市场条件的变化也会对公司治理机制产生直接影响。

第二节 博弈论

一、博弈论的理论结构

博弈论，作为现代数学和运筹学的重要分支，主要研究个体在特定激励结构下的相互作用，并探讨这些相互作用中涉及的优化策略。博弈论的应用范围广泛，包括经济学、政治学和生物学等领域。在经济学中，博弈论为理解市场竞争和合作行为提供了理论框架。在生物学中，博弈论则被用于理解和预测进化现象，如动物的竞争与合作行为。

博弈论的分类可以从多个角度进行。首先，按照是否存在具有约束力的协议，可以将博弈分为合作博弈和非合作博弈。在合作博弈中，参与者能够形成并遵守协议，以协调行动和分配收益；而在非合作博弈中，参与者没有这样的协议，各自根据自己的利益做出决策。其次，从行为的时间序列来看，可以将博弈分为静态博弈和动态博弈。在静态博弈中，参与者在不知道对方行动的情况下做决策；在动态博弈中，参与者的决策有先后顺序，且后行动者可以观察到先行动者的选择。

另外，还可以根据信息的完整性将博弈分为完全信息博弈和不完全信息博弈。在完全信息博弈中，所有参与者对其他参与者的特征、策略和收益函数都有准确的信息；在不完全信息博弈中，参与者对其他参与者的信息则了解不足。

在经济学中，非合作博弈是最常讨论的类型。非合作博弈又可以细分为完全信息静态博弈、完全信息动态博弈、不完全信息静态博弈和不完全信息动态博弈。对应的均衡概念包括纳什均衡（Nash Equilibrium）、子博弈精炼纳什均衡（Subgame Perfect Nash Equilibrium）、贝叶斯纳什均衡（Bayesian Nash Equilibrium）和精练贝叶斯均衡（Perfect Bayesian Equilibrium）。

近年来，博弈论的研究在理论、计算和应用方面取得了显著进展。在理论方面，研究者对博弈的复杂性进行了深入探讨，例如多阶段博弈中的均衡解决方案和进化博弈中的合作机制等。新兴的均衡概念，如复合均衡（Composite Equilibrium）和动态优化博弈（Dynamic Optimization Games），则进一步扩展了博弈论的应用范围和理论深度。

计算博弈论的进步同样显著。随着计算能力的提升和算法的进步，研究人员现在已经能够处理更大规模、更复杂的博弈模型。例如，强化学习和深度学习技术被应用于博弈论中，以帮助解决高维度策略空间中的最优策略问题。这些进展使博弈论能够处理现实世界中更复杂的互动情境，如金融市场、网络安全和大规模系统中的博弈。

在应用领域，博弈论也取得了新的突破。目前，博弈论已被广泛应用于区块链技术、智能合约设计和多方协调问题中。通过博弈论分析区块链网络中的激励机制，可以优化网络的安全性和效率；智能合约的设计也借助博弈论来确保合约条款的执行和参与方的公平性。

总体而言，博弈论在理论、计算和应用方面的进展不断推动着其在各个领域的应用和发展。随着技术的进步和新问题的出现，博弈论的研究也将继续深化，可能为理解和优化复杂系统中的战略互动提供更有力的工具和方法。

二、纳什均衡

纳什均衡是博弈论中的一个核心概念，用于描述在博弈中各参与者的策略选择如何达到一种稳定状态。在一个博弈中，如果每个参与者在知道其他参与者的策略后，无法通过单方面改变自己的策略来获得更好的结果，则该策略组合即被称为纳什均衡。具体地，对于非零和博弈中的策略（a）（属于策略集 A）和策略（b）（属于策略集

B)，称为均衡偶。如果在任意策略组合（a）和（b）中，参与者的收益满足以下条件：参与者 A 的收益在（a，b）中不低于（a，b′），且参与者 B 的收益在（a，b）中不低于（a′，b），则（a，b）是均衡偶。这被称为纳什定理。

纳什定理表明，任何具有有限纯策略的二人博弈至少存在一个纳什均衡点。这个定理的证明依赖于不动点理论，即寻找博弈的均衡点等同于找到博弈的不动点（Nash，1950）。纳什均衡给我们提供了一种重要的分析工具，使博弈论能够在特定的博弈结构中去寻找有意义的结果。然而，纳什均衡的定义局限于考虑参与者不想单方面改变策略的情况，忽视了其他参与者改变策略的可能性，因此在一些情况下，纳什均衡的结论可能缺乏说服力，这也被形象地称为“天真可爱的纳什均衡”。

在企业管理中，纳什均衡的研究已成为优化公司战略的关键工具。通过利用纳什均衡，管理层可以在复杂的市场竞争环境中预测和解释其他竞争者的行为，从而制定更有效的决策策略。另外，纳什均衡在定价策略、市场进入和研发投资等方面的应用也可帮助企业优化决策，提高竞争力。

近年来，纳什均衡的研究取得了显著进展，尤其在以下几个方面：

（一）动态博弈中的纳什均衡

动态博弈考虑了策略的时间序列，使企业在面对长期战略决策时能够考虑对手的历史行为和未来预期。这方面的研究为供应链管理、长期合同设计和市场进入策略提供了新的见解（Fudenberg & Tirole，1991）。

（二）混合策略均衡的应用

在不确定和竞争激烈的市场环境中，企业常常需要采用混合策略。最新研究表明，通过优化混合策略的纳什均衡，企业能够在复杂环境中提高竞争优势（Harsanyi，1967—1968）。

（三）多阶段博弈中的均衡分析

多阶段博弈涉及多个决策阶段，如产品开发和市场推广。目前，研究者通过博弈树和强化学习方法在多阶段博弈的均衡分析中取得了新进展，提高了对复杂决策过程的理解（Rubinstein，1982）。

（四）数据驱动的均衡计算

随着大数据技术的发展，数据挖掘和机器学习技术被应用于博弈分析和均衡计算，使人们在实际应用中能够更精准地计算纳什均衡，从而提高决策的准确性和有效性（Kleinberg et al.，2018）。

第三节　控制权理论

一、企业控制权的内涵

企业控制权是一个复杂且不断演变的概念，其内涵随着企业制度和经济环境的变化而不断发展。关于企业控制权的理论主要有以下三种。

（一）投票权理论

该理论认为企业控制权等同于投票权。在《公司法》框架下，股东大会的决议需股东所持表决权的半数以上通过，特殊事项需 2/3 以上通过，董事会的决议也需经全体董事的半数以上通过。投资者或股东若拥有足够的表决权影响股东大会的决议，即具备事实上的控制权。因此，大股东常通过占据董事会席位来干预企业战略决策（刘汉民，2003）。

（二）决策权理论

这一观点认为企业控制权实质上是一种决策权。掌握决策权的主体能够通过控制企业资源来体现自身的利益和主张。杨瑞龙（2001）指出，控制权涉及对公司经营和决策的主导权，包括监督权和投票权。王彬和杨晓云（2001）认为，控制权主要涉及影响公司董事会组成及其决策的能力。史玉伟等（2003）则将控制权定义为对公司资源的决策支配权，该权力能有效控制和管理公司资源，影响公司的经营和治理。

（三）剩余控制权理论

法马和詹森（1983）最早提出剩余控制权理论，区分出了特定控制权和剩余控制权。其中特定控制权是契约中明确规定的权力，而剩余控制权则是契约中未明示但实际上存在的权力。这一理论区分是合理的，但在实践中，特定控制权也存在剩余和不确定性，即契约内的剩余控制权，包括监督权、剩余索取权及经理层选择权等。格罗斯曼（Grossman）、哈特（Hart）和莫尔（Moore，2000）进一步发展了这一理论，张维迎（1996）则指出企业所有权包括剩余控制权和剩余索取权。阿希翁（Aghion）和蒂罗尔（Tirole，1997）区分了名义控制权与实际控制权，前者指按契约规定的权利，后者指实际的决策制定和经营管理权。卡普兰（Kaplan，2003）等认为控制权涉及对企业重大事项和主要活动的决策权。刘磊和万迪昉（2004）则将控制权分为一般控制权和核心控制权，其中一般控制权包括决策权和监督权等，而核心控制权指全面控制和影响一般控制权的能力。鲁银梭和郝云宏（2013）提出，控制权由一系列权力构成，如选举董事的权力、投票权、清算权、否决权和赎回权等。角雪岭（2007）认为公司控制权的实质是将不同控制权分配给各权利主体，并明确这些主体之间的关系和行为规则。胡继立（2011）在不完全契约理论基础上，将控制权定义为对企业生产、投资、市场运营和利润分配的主导权。王声凑和曾勇（2012）指出控制权主要体现在公司高管聘用、战略决策和经营决议等方面。覃家琦等（2016）基于不完全契约理论，又将控制权划分为治理控制权和管理控制权，其中治理控制权是投资者在公司治理中的控制权，管理控制权则是企业科层制管理中的控制权。而刘汉民等（2018）认为控制权的分配受多种因素影响，股权是重要因素之一。控制权的分配往往取决于所有权结构，尤其在新创企业和新兴行业中，投资者往往不参与企业决策。

二、企业控制权的结构

在不完全契约理论的框架下，研究者们对公司控制权的结构进行过多种分类和深入分析。蒂罗尔（Tirole，2001）将企业控制权划分为明确控制权和剩余控制权，并进一步将剩余控制权细分为剩余基本控制权和剩余发展控制权。其中，明确控制权是指在契约中清晰规定的权利，如投票权和决策权。剩余控制权则是契约未明确规定的权力，即决定资产在契约限定用途之外如何使用的权利。剩余基本控制权（residual basic control right）主要表现为一种制衡机制，用于减少企业内部道德风险和机会主义行为。剩余发展控制权（residual control right of development）则涉及公司的发展方向和利润分配，以确保公司利润的创造与分配，实现股东个人目标和组织整体目标。

尽管不完全契约理论的控制权分类具有理论意义，但具体的剩余基本控制权与剩余发展控制权的权力内容难以列举和量化，也不完全适用于中国企业控制权配置的现实情况。根据不完全契约理论，法马和詹森将控制权分为特定控制权和剩余控制权。股东通常享有名义上的最终控制权，例如通过投票选举和罢免董事、批准兼并和发行新股、审议利润分配方案等。然而，实际决策控制权大多数由董事会掌握，董事会进一步将经营决策权授予经理层（朱国泓和杜兴强，2010）。这表明实际掌握剩余控制权的往往是董事会和经理层。

在这一框架下，企业控制权可分为名义控制权和实际控制权。名义控制权与所有权相关联，而实际控制权则指掌握和使用关键资源的能力。实际控制权与剩余控制权存在较大重叠，拥有信息和知识优势的代理人通常掌握公司关键资源的支配权，因此具有较大的剩余控制权。

第四节　企业产权理论

一、企业的本质

新古典经济学认为企业是生产函数的体现，投入与产出之间的技术关系可简化为一个数学模型。这一视角假设了明确的产权、完备的信息和无摩擦的交易条件，但并未深入探讨企业的起源和内部结构（刘汉民，2003）。在这一理论框架下，企业被视作一个技术实体，主要关注其生产效率而忽略其组织结构和产权问题。

20 世纪初，托尔斯坦·凡勃仑（Thorstein Veblen，1899）从动机和所有权的角度对企业进行了分析。他指出，企业的动机主要是追求金钱利益，其运作方式以买卖为主，目的是积累财富。凡勃仑认为，企业的精神基础在于所有权制度，企业的原则基于所有权的财产原则和金钱原则。他同时指出，“所有权的要求决定了企业的发展和目的”。这种观点突出了所有权在企业发展中的核心作用，将企业的动机和目的与所有权制度紧密联系在一起。

新制度经济学的奠基者罗纳德·科斯（Ronald Coase，1937）在其经典论文《企业的性质》中又利用交易费用理论揭示了企业的本质。他指出，市场交易中的时间、精力和信息费用使直接市场交易成本较高。企业作为一种组织形式，通过内部协调和资源支配，能够减少这些交易费用，因此可作为市场机制的替代物。科斯的理论强调，企业存在的主要原因是为了降低交易成本，而非完全消除交易费用，这一观点为后来的研究奠定了基础。

20 世纪 60 年代，经济学家奥利弗·威廉姆森（O. E. Williamson，1964）对企业内部的交易成本进行了深入分析。他提出了最优科层理论，认为企业内部的组织结构是为了最大化收益与成本的净收益，这决定了企业的规模和科层结构。威廉姆森的研究强调了在不确定性和信息不对称环境下，企业如何通过合理的组织设计来降低交易成本，提高效率。这一理论指出，企业的规模和管理结构是通过比较内部和市场交易成本来优化的，从而可影响企业的效率和发展。

阿尔弗雷德·D. 钱德勒（Alfred D. Chandler Jr.，1977）系统地分析了美国企业的发展，并提出了现代企业与传统企业之间的显著差异。他提出了“八点论”，描述了现代企业如何通过内部管理协调替代市场机制，并在规模化和管理层级化中实现效率提升。钱德勒的理论强调了管理层级和专业化在企业成长中的重要作用，并指出了企业规模和经营多样化对管理与所有权分离的影响。

20 世纪 70 年代初，阿尔钦（Alchian）和德姆赛茨（Demsetz，1972）从团队生产的角度分析了组织效率和个人努力的关系。他们定义了团队生产的特征，并探讨了如何通过剩余索取权激励监督者，以解决团队生产中的偷懒和搭便车问题。他们的研究强调了团队生产中的资源整合和生产效率问题，并提出了激励监督者的解决方案。

张五常（1983）在《企业的契约性质》中进一步发展了企业理论，认为企业的存在主要是为了节约交易费用。他将企业视为一种高级市场关系，通过内部化生产和资源协调，替代了市场中的交易，从而实现了交易成本的节约（张五常，1983）。这一观点丰富了对企业内部化和市场机制替代的理解。

格罗斯曼（S. Grossman）和哈特（O. Hart）在 1986 年通过资

产特异性模型阐述了企业的性质。他们认为，契约无法预见的事项需要分配剩余权，这种剩余权的非对称分配有助于减少事后交易成本。他们的研究突出了资产特异性和信息不对称对企业结构和运营的影响。

杨小凯和黄有光（1993）在《间接定价理论》中则建立了企业的一般均衡契约模型，认为企业是一种内部化高交易成本活动的机制，从而提高了资源配置效率。这一理论进一步扩展了对企业内部化和交易成本的理解。

综上所述，企业的本质可以归纳为以下几点：

（1）企业是从事生产经营活动的组织单位和经济实体，同时也是市场经济中资源配置的主要方式之一。

（2）企业作为一种盈利机构，集合生产要素并提供产品和服务，具有独立的经营目标，其效率来源于制度和经营的双重优化。

（3）企业作为一种科层组织，通过契约关系将经济主体联系在一起，交易成本的理性权衡是决定企业存在和发展的核心因素。

（4）企业是资产和权利要素的有机组合，产权特别是所有权是企业的核心要素。合理的产权制度和结构优化有助于降低交易费用，促进经济增长和发展。

二、企业产权的构成

企业产权指的是企业法定主体对其财产所拥有的权利总和。这一概念涵盖了企业产权的三个基本要素：企业产权主体、企业产权客体以及主体与客体之间的财产权利关系。

（一）企业产权主体

企业产权主体是指对企业产权客体行使财产权利的个体或团体。在不同的企业制度中，产权主体可以是个人（如业主制企业中的

“老板”），也可以是多个拥有不同目标和利益取向的个体组合（如股份公司中的股东、董事会和经理）。主体可以是自然人，也可以是法人。企业产权主体的存在使产权得以具象化，从而明确了对客体行使财产权利时的责任和利益分配。产权主体及其交易关系直接影响产权权能的行使效力和企业产权客体的使用效率。因此，深入分析企业产权制度的关键在于理解不同制度安排下产权主体的目标、行为及其之间的冲突与协调（张五常，1983）。

（二）企业产权客体

企业产权客体是指与企业产权主体相对应的物质基础。它主要指企业的资产，这些资产可以用货币计量，并为企业产权主体带来利益。企业产权客体不仅是企业生产经营的必要条件，也是企业产权存在的物质基础。企业资产在公司制企业中通常表现为法人财产，它支撑着企业的运营和发展，是企业资产配置和管理的核心（Coase，1937）。

（三）企业产权权能

企业产权权能是企业产权的第三个构成要素，通常包括所有权、占有权、使用权、收益权、支配权和处置权等。权能是企业产权主体对产权客体行使权利的具体行为，这些权能及其组合构成了不同产权结构的基础，并在不同产权主体之间形成了对应关系。需要说明的是，企业产权权能在实际运作过程中，其重要性程度各不相同，存在委托与代理、原生与派生等相互依赖的关系，体现了企业产权运作的复杂性和多样性（Grossman & Hart，1986）。

三、企业产权的基本权能

企业产权的基本权能可从法律和经济角度进行划分，主要包括所有权、占有权、使用权、收益权、支配权和处置权等。

（一）所有权

所有权指“物之所有人，在不违反法律或第三人权利范围内，得自由处分其物，并得排除他人对物之一切干涉。”（《德国民法典》第903条）。劳森（F. H. Lawson）指出，所有者有绝对的权利，拥有支配其所有物的绝对权利。吴宣恭教授区分出了广义和狭义的所有权：广义所有权相当于产权，包括狭义所有权、占有权、支配权、使用权和收益权等；狭义所有权即为财产归属权。企业所有权的特点包括：①企业所有权主体对企业资产拥有排他的、最高的、绝对的支配权；②所有权是唯一原生的产权权能，其他权能均由所有权派生；③企业所有权通过严格的法定方式取得，确保其归属的明确性和合法性；④随着资本的价值化，所有权已发展为与价值相关的形态，如股份公司的股权等。

（二）占有权

占有权指法定主体对企业资产的实际控制权。其通常由所有者行使，可以转移或委托他人。占有权是使用权等下一层级产权权能实现的前提条件，是所有权得以实现的现实形态。占有权的确立是生产要素结合和资源配置的基本条件，体现为支配权的实际行使（杨小凯和黄有光，1993）。

（三）使用权

使用权指法定主体对企业资产根据其自然性能和经济用途加以利用的权利。使用权与占有权密切相关，占有权是使用权的前提条件，没有占有权便无法行使使用权。使用权的主要目的是通过有效利用企业资产来获取经济或非经济利益（Alfred D. Chandler Jr.，1977）。

（四）收益权

收益权指通过利用企业资产获取经济利益的权利，通常表现为获取企业剩余的权利。收益权是所有权直接派生的权能，主要体现在现代股份公司中，股东将企业资产的占有权、使用权、部分支配权和处置权转交给企业法人，而股东主要通过收益权实现财产权（钱德勒，1977）。

（五）支配权

支配权是指在同一产权客体上对其及相应主体进行独立支配的权利。支配权可分为所有者支配权、占有者支配权和使用者支配权。所有者支配权体现所有权的存在和使用，包括重大决策权；占有者支配权是从属的、派生的，是在所有者保留重大支配权之后的剩余支配权。三种支配权通过契约关系形成，但所有者支配权是核心权利，其他支配权形式仅通过不同形式体现所有者的意志（张五常，1983）。

（六）处置权

处置权指产权主体对企业资产进行转让的权利，包括让其他人占有、支配和使用企业资产，从而使产权主体在事实和法律上对企业资产进行处置。处置权包括生产性消费（事实上的处置）和产权转让（法律上的处置）。事实上的处置权是企业生产和经营的前提条件，而法律上的处置权则是企业产权市场化、动态配置与交易的基础。处置权可以由不同的产权主体根据其重要性进行行使，影响企业的运营和资产配置。

四、企业法人财产权的界定

企业法人财产权是研究企业产权制度的核心概念。在我国经济体制转型过程中，从传统工厂制度到现代企业制度的演变中，法人财产权的确立起到了关键作用。因此，深入理解法人财产权是企业产权制度研究的重要任务。理论界对法人财产权的认识存在不同观点，主要理论可以分为以下两种。

（一）法人所有权论

法人所有权论认为，企业作为独立法人，必须拥有自己的财产所有权，以便独立承担财产责任。这种观点认为，若企业法人不能完全拥有法人财产的所有权，则可能意味着国家仍对企业财产拥有所有权。这会导致几个问题：

（1）所有者失职问题：如果所有者未能认真行使所有权，可能导致责任的不明确。

（2）干预问题：如果所有者积极行使所有权，可能直接干预企业的生产经营活动，与政企分开的改革初衷相悖。

（3）财产独立性问题：企业无法完全拥有其财产所有权，则法人将无法独立承担责任，也无法成为真正的市场竞争主体。

有研究者认为，即使在股份制的国有企业中，法人不仅应享有经营权，也应具备法人所有权（张五常，1983）。这种观点关注保护所有者的权益和企业的独立性，但未能完全揭示法人财产的本质。

（二）经营权论

经营权论认为，法人财产权应被视为经营权，而非所有权。该观点认为，创设法人制度的目的是明确所有者（投资者）与经营者之间的权利与义务关系，而不是赋予法人所有权。经营权作为一种新的物权，具有类似于所有权的排他性、优先性和追及效力，能够对抗其他公民或法人权利主体，也能对抗出资人（Michael Grossman & Oliver Hart，1986）。这种观点强调了法人财产权与传统所有权的区别，但未能全面涵盖法人财产的本质。

（三）法人及法人财产定义

法人是指依据法律设立，具有民事权利能力和行为能力，能够依法独立享有民事权利和承担民事义务的组织。与自然人不同，法人是法律上的产物。根据不同国家和地区的法律规定，法人可以分为公法人和私法人、社团法人和财团法人等。在我国的法律体系中，法人包括企业法人和机关、事业单位及社会团体法人。企业法人指从事生产经营活动并以营利为目的的经济组织，只有依法设立的公司制企业（如有限责任公司和股份有限公司）才具备法人资格，并形成法人财产和法人财产权（杨小凯和黄有光，1993）。

（四）法人财产权的特点

（1）行使主体：在公司制企业中，股东通过法定程序选择代表者（如董事会）来行使法人财产权。因此，法人财产权的实际行使主体是公司法人（董事会）。这体现了法人财产权的托管性质（Armen A. Alchian & Harold Demsetz，1972）。

（2）派生性质：法人财产权是一种从原始产权（股东的投资权）中派生出的权利。按照“谁投资谁所有”的原则，法人财产的所有权属于包括国家在内的全体出资者，但董事会成员和经理人员的权利不等同于法人财产的所有权。唐丰义教授指出，法人财产权是从原始产权分解出来的派生权力，它不同于最终归属权，是一种托管性质的财产支配权（张五常，1983）。

（3）排他性：法人财产权的排他性仅针对法人以外的其他主体，虽然法人财产权能够对抗法人以外的其他法人或自然人，但不应被理解为针对法人所有者（股东）的权利。法人财产权在任何情况下都不应成为侵害所有者权益的依据（Michael Grossman & Oliver Hart，1986）。

本章小结

本章回顾了与混合所有制国有企业治理相关的理论，主要包括公司治理理论、混合所有制经济理论以及国家资本主义理论等。这些理论为研究混合所有制国有企业的治理问题奠定了坚实的理论基础。

第三章　混合所有制企业改革的难点和国际经验借鉴

混合所有制改革在实施过程中，面临着诸多实际问题和挑战，如国有资本与民营资本的利益冲突、企业治理的复杂性以及市场环境的不确定性等。这些问题不仅影响改革的效果，还可能制约企业的发展和国家经济的稳定。深入探讨这些问题，有助于揭示混合所有制改革中潜在的风险和困难，为制订切实可行的解决方案提供依据。国际上成功的混合所有制改革案例则展示了不同国家在资本结构优化、治理机制创新和市场适应方面的实践成果。

第一节　混合所有制国有企业改革的难点

2013 年，党的十八届三中全会通过了《中共中央关于全面深化改革若干重大问题的决定》再次明确了国有企业市场化改革的战略方向。这普遍被认为是新一轮国企改革的起点。尽管我国的国有企业混合所有制经济已取得了显著成就，但在推动混合所有制改革的过程中，国有企业仍然面临许多迫切需要解决的问题和挑战。

一、国有企业混合所有制改革进展缓慢

尽管中国的国有企业在过去几十年中经历了一系列改革，特别是股份制改革和公司制改革，推动了部分国有企业向混合所有制转型，但总体上进展依然相对滞缓。在国有独资企业向混合所有制转型的过程中，遇到了诸多历史遗留问题和行业特性限制。部分企业因政策性任务而无法引入多元化股权结构，尤其在一些战略性行业，如能源、军工和基础设施，股权多元化改革更是步履维艰。这些企业的特殊地位和功能使改革难度加大，导致整体改革进展缓慢。此外，这些企业

通常承担着重要的政策使命，如保障国家安全、能源供应和公共服务，因此监管部门对市场化改革持保留态度，担心改革可能削弱企业的战略能力和社会职能。

例如，中国石油天然气集团公司虽然在2000年实现了股份制改革，并通过上市引入了一部分民间资本，但其核心业务和资产仍然保持在国有独资的框架下。中国石油在能源安全方面的战略任务，使其在混合所有制改革中相对保守，股权多样化进展甚微。这种情况并非个案，而是中国许多大型国有企业在混合所有制改革中普遍面临的困境。

二、国有资产流失与股权改革

国有资产流失是国有企业改革过程中一个复杂且颇具争议的问题。国有资产流失主要指在国有企业改制、重组或出售过程中，因被低估或被不当处置而导致国有资本的流失。这一问题在中国国企改革的早期阶段尤为突出，主要表现为国有资产的评估价格严重低于市场实际价值，或因腐败行为和管理不善导致国有资产被低价转让给私人或外资企业。

随着改革的深入，国家逐渐加强了对国有资产评估和处置的监管力度，但在混合所有制改革过程中，资产流失的风险依然存在。改革的复杂性和信息不对称，使国有资产在交易中的公允价值难以准确评估，导致资产处置价格低于应有水平。

由于缺乏透明、规范的市场化定价机制，许多企业在混合所有制改革中仍然面临着资产流失的潜在风险。例如，某些大型国有企业在资产处置时，可能由于急于推进改革而未能充分考虑市场行情，导致资产评估价格偏低，出售价格远低于市场预期，从而造成国有资产的流失。此外，一些企业在改制过程中，可能通过内部交易和复杂的股权安排，将国有资产以不透明的方式转移至私人手中。这种现象不仅损害了国家的经济利益，也引发了公众对国有资产管理的质疑和不信任。

根据最新的研究，尽管国有企业改革在整体上有效优化了国有资产配置，提升了国有经济的整体效益，但在某些关键环节上，国有资产流失的隐患依然不可忽视。特别是在市场化定价机制尚未完全建立的情况下，如何确保国有资产的保值增值仍是一个需要持续关注的问题。

三、国有企业“行政化”问题严重

国有企业的“行政化”问题，即企业管理层享有与党政官员相当的政治待遇和行政级别，是国有企业混合所有制改革的一大障碍。尽管国有企业在形式上属于市场主体，但其管理机制和权力结构依然深受行政管理的影响。企业高层管理人员不仅享受相应的行政待遇，还往往具有党政机关职务晋升的预期，这种“官商合一”的现象使企业难以真正实现市场化运营。

行政化问题的根源在于国有企业的历史沿革和国家对其战略性职能的定位。许多国有企业的管理层是由政府直接任命的，因此企业决策过程常常受到行政命令和政策指令的约束。这种行政化的管理模式便可能导致企业的市场反应迟缓，决策效率低下，难以适应激烈的市场竞争环境。

此外，行政化问题还体现在企业内部的管理层级设置上。许多国有企业在内部管理上沿袭了政府机构的层级结构，导致管理流程冗长、层级众多，决策过程烦琐、决策效率低下。这种官僚化的管理模式，不仅制约了企业的创新能力，也影响了企业的市场竞争力和盈利能力。

例如，某大型国有银行在改革过程中，高层管理人员多由国家财政部门或金融监管机构派任，这些管理人员在日常决策中，常常优先考虑政策合规性和执行行政命令，而非市场需求和企业盈利目标。结果便是该银行在市场反应速度上远逊于竞争对手，导致市场份额逐步萎缩。

最新的研究也表明，国有企业的行政化问题不仅限于管理层的身份认同，更深层次地影响着企业文化和市场行为。行政化的管理模式使企业在应对市场变化时，缺乏灵活性和创新性，最终会限制企业的长期发展潜力。

四、国有混合所有制企业的控制权问题

在混合所有制改革中，国有资本通常占据绝对或相对控股地位，而非国有资本则处于相对弱势地位。这种股权结构的失衡，导致非国有资本投资者在企业中的话语权不足，难以有效参与企业的战略决策和日常运营。尽管政策层面鼓励混合所有制改革，但在实际操作中，非国有资本常常面临参与度低、决策权缺失的困境。

控制权问题在国有资本主导的混合所有制企业中显得尤为突出。由于国有资本在董事会和管理层中的绝对主导地位，非国有资本投资者难以在重大决策中发挥实质性作用。这不仅削弱了非国有资本的投资积极性，也影响了企业的治理质量和市场表现。

此外，信息不对称进一步加剧了非国有资本在混合所有制企业中的不平等地位。由于国有资本通常掌握着企业的核心信息和资源，非国有资本难以获得充分的经营信息，从而面临更高的投资风险。这种信息不对称使非国有资本在企业中的角色更像是被动的财务投资者，而非真正的战略合作伙伴。

例如，某大型国有企业在引入民营资本后，尽管民营资本在企业中拥有一定的股权，但在董事会和管理层中并未获得相应的决策权。在企业的重大投资决策中，民营资本往往只能在事后获知相关信息，无法对决策过程施加影响。这种情况导致民营资本投资者对企业未来

发展的信心不足，最终也影响了企业的整体市场表现。

最新研究指出，非国有资本在混合所有制企业中的角色定位问题，是影响混合所有制改革效果的关键因素之一。如果非国有资本在企业中始终无法获得应有的决策权和信息透明度，那么混合所有制改革的初衷将难以实现，甚至可能导致资本市场对国有企业的信任度下降。

五、国有股份与非国有股份的冲突

在混合所有制改革过程中，国有资本与非国有资本之间的冲突与协同问题逐渐凸显。理论上，混合所有制应当通过不同所有制资本的融合，形成有效的协同效应，以提升企业竞争力。然而，在实践中，国有资本与非国有资本的冲突往往多于协同，导致企业改革的效果不尽如人意。

冲突的主要原因在于，国有资本通常在企业中占据主导地位，而非国有资本则难以在企业内部形成有效的制衡力量。这种不对等的资本关系，导致在企业的战略制定和利益分配上，非国有资本往往处于弱势地位。此外，国有资本对非国有资本的进入设有诸多隐形门槛，例如在资源获取、市场准入和行政审批等方面，非国有资本往往面临更高的门槛和更严格的监管。

此外，在利益分配方面，国有资本和非国有资本之间的分歧也较为明显。国有资本通常优先考虑企业的社会责任和国家战略，而非国有资本则更注重资本回报和投资收益。这种分歧导致二者在企业发展战略和投资方向上难以达成一致，影响企业整体运营效率和市场竞争力。

例如，在某些混合所有制企业中，非国有资本在企业的扩展计划中，可能更倾向于高回报、短周期的投资项目，而国有资本则可能更倾向于符合国家战略的长期项目。这种战略目标的分歧，导致企业在投资决策上难以达成共识，最终影响企业的市场表现。

最新研究表明，国有资本与非国有资本之间的冲突，不仅影响混合所有制企业的内部治理，还会削弱企业在市场中的竞争力。如果这种冲突长期得不到有效化解，混合所有制企业将难以实现预期的改革目标，甚至可能导致企业内部分裂和市场竞争力的进一步下降。

六、不同所有制投资者的融合问题

国有资本与非国有资本的融合，既是资本的整合，也是管理文化的融合。在中国的混合所有制企业中，国有企业和非国有企业在管理模式、组织文化、价值观念等方面存在显著差异，这些差异在融合过程中便很容易引发管理冲突和文化碰撞。

国有企业通常具有较强的行政色彩，其管理层往往更倾向于遵循自上而下的决策模式，强调权威和规章制度。而非国有企业则更注重市场导向和灵活性，其管理层在决策过程中更倾向于市场化、扁平化的管理结构。这种管理理念和文化上的差异，使两类资本在混合所有制企业中的融合充满挑战。

例如，在某些混合所有制企业中，国有资本与非国有资本在企业治理上出现了明显的文化冲突。国有资本一方强调稳健经营，严格遵守国家政策和规章制度，而非国有资本则更注重快速响应市场变化，灵活调整经营策略。这种文化冲突不仅影响企业的管理效率，还在一定程度上削弱了企业的市场竞争力。

此外，管理风格的差异也会影响企业内部人员的流动和管理团队的稳定。非国有资本往往更倾向于引入市场化的激励机制，如股权激励和绩效考核，而国有资本则更强调干部任免和行政级别。这种激励机制的差异，会导致企业内部人员对管理层的忠诚度和满意度产生分歧，进一步影响企业的稳定性和凝聚力。

最新研究指出，国有资本与非国有资本的有效融合，不仅需要在股权结构上达成共识，更需要在管理理念和文化上进行深度整合。如果无法有效融合，混合所有制企业的长远发展将面临巨大挑战。

第二节　国有资产管理体制的问题

国有资产管理体制改革在国有企业混合所有制改革过程中扮演着核心角色。尽管中共中央和国务院通过《深化国有企业改革的指导意见》和《国务院关于改革和完善国有资产管理体制的若干意见》等顶层设计文件为改革提供了指导，但在国企改革实践中，现有的国有资产管理体制依然存在诸多深层次的问题。这些问题不仅影响混合所有制改革的效果，也会限制国有企业的全面转型。

一、国资委成立后的体制遗留问题

（一）国有资产总量增长与运营效率低下

国有资产总量的快速增长与资产运营效率低下以及资产分布结构不合理，这些问题在混合所有制改革过程中尤为突出。例如，国有企业在进行混合所有制改革时，面临资产闲置和资源配置不合理的问题，影响改革效果和吸引非国有资本的能力。根据《中央企业资产负债情况分析报告》，部分中央企业的资产负债率高达70%以上，这即表明这些企业在资产配置和运营效率方面存在严重问题。

例如，2015年，中国钢铁行业过度投资和产能过剩问题严重，某钢铁集团在进行扩张时，便忽视了市场需求和投资回报，导致资产闲置严重。根据《钢铁行业产能过剩问题分析报告》，该钢铁集团的某些生产线由于需求不足而闲置，又造成了资源的浪费和企业运营效率的低下。

（二）国资委政策对企业规模扩张的影响

国资委推行的扩大企业规模、推动兼并重组等政策，虽然在一定程度上提升了企业的市场地位，但也放大了国有企业在结构性问题上的矛盾。例如，2015 年国资委推动的“十二五”规划中，鼓励企业跨行业整合和资本扩张，导致部分企业出现了业务重叠和资源浪费的现象。以中国石化为例，其在进行跨国并购时，由于整合不力，导致了大量资源的低效使用和高额的债务负担。

（三）经济刺激政策引发的过度投资

近年来，为了刺激经济增长，中国实施了大规模的经济刺激政策，部分资金流入国有企业，在一定程度上导致了产能过剩问题。例如，钢铁行业在 2021 年至 2023 年经历了大量的投资扩张，造成全国范围内的产能过剩。根据《国家发展改革委关于钢铁行业产能过剩问题的报告》，截至 2023 年，中国钢铁行业的产能过剩率约为 25%。这种过剩不仅对市场稳定性造成了影响，还加重了企业的财务压力。

这种现象的持续存在，显示出了在经济刺激政策下，短期内的投资行为与长期市场需求脱节的问题。

（四）融资政策带来的管理难题

国有企业通常享有低于非国有企业的融资成本，但这种政策优势并未有效转化为企业的竞争力，反而导致了高投入低效益的问题。以中国铝业公司为例，其在进行大规模扩张时，由于过度依赖低成本融资，导致资产闲置和经营效益低下。根据《铝业行业市场分析报告》，中国铝业公司在扩张后的运营效率显著下降，面临着严重的资金链压力。

（五）管理体制集中化和行政化

国资委在实际操作中，仍然存在管理体制集中化和行政化的问题。例如，国资委对企业的投资项目审批和运营管理，仍然保留大量的行政化操作，影响了企业的灵活性和市场适应能力。研究发现，国资委对中央企业的管理涉及多个层级和部门，会导致监管权责的割裂。例如，国资委在 2017 年实施的中央企业公司制改革，虽有所推进，但在实际操作中仍存在行政化倾向，导致企业市场反应迟缓。

二、混改背景下的新问题

在混合所有制改革的背景下，国有资产管理体制还面临一些新的问题，主要表现在以下几个方面。

（一）运营与监管职能不分

国资委的运营与监管职能不分的问题，在混改过程中尤为突出。这种职能重叠不仅导致监管效果的下降，也影响着企业的运营效率。例如，国资委对某些企业的日常管理，既要进行监管，又要参与运营决策，这使企业在面对市场变化时，难以迅速做出调整。刘强（2022）指出，国资委在对企业进行监管时，往往需要处理复杂的行政程序，会影响监管的有效性和企业的市场反应能力。

（二）管理方式的行政化

国资委的管理方式仍然过于行政化，这导致国有企业在改革过程中难以充分发挥市场机制的作用。以中国电力公司为例，该公司在进行市场化改革时，仍面临严重的行政化管理问题。其在审批和管理投资项目时，常常受到行政干预，导致项目审批周期长，效率低下。张慧（2023）指出，这种行政化的管理模式不仅会降低企业的市场竞争力，还影响着改革的实际效果。

（三）管理幅度宽广

国资委的管理幅度过宽，会导致对企业的监管和管理效能下降。由于国资委负责的企业和资产数量庞大，管理体系的集中化使监管资源难以有效分配。以中国航天科技集团为例，该集团在进行组织架构调整时，发现由于管理幅度过宽，导致了内部协调和管理成本的增加。因此，国资委对大型企业的管理需要重新调整，以提高监管效能和管理效率。

（四）出资人职能不到位

作为出资人，国资委职能不到位的问题也较为突出。例如，国资委在对企业的资本投入和管理中，往往忽视对企业经营效益和投资回报的关注。这种情况在一些国有企业的投资决策中表现得尤为明显。例如，中国南方电网公司在进行大规模基础设施投资时，未能有效评估项目的经济效益，导致大量资金被低效使用。根据《电力行业投资回报分析报告》，该公司的部分投资项目回报率远低于预期。

这些问题表明，国有资产管理体制改革不仅需要对现有体制进行调整，还需探索更加有效的管理模式。改革过程中不仅需要充分考虑市场机制的作用，还要优化管理结构，提高国有资产的运营效率和价值。

第三节 混合所有制国有企业改革的发展趋势

混合所有制改革是推进国有企业现代化和市场化的重要手段，其发展趋势和实施路径对于提升企业效能、推动经济结构调整具有重要意义。下文我们将重点探讨混合所有制改革的主要发展趋势及其实施路径，并分析未来的改革方向和实施方法。

一、深化股东结构优化

混合所有制改革的首要趋势是深化股东结构的优化。通过引入多种类型的投资者，国有企业可以有效提升资本运作效率和市场竞争力。未来，企业股东结构会更加多元化，可包括国内外战略投资者、金融机构和产业资本等。这种股东结构的优化不仅能够提供更多的资本支持，还能带来不同领域的专业知识和管理经验。其主要的实施路径包括以下几个方面。

（一）引入战略投资者

企业可以通过公开发行股份、增资扩股等方式引入战略投资者。这些投资者通常具有长期投资意图，可以为企业提供稳定的资本支持，并参与企业的战略决策。例如，中国石油天然气集团公司通过引入外国战略投资者——挪威国家石油公司，便增强了其在全球市场中的竞争力。

（二）放宽股权比例限制

政府应逐步减持国有企业的控股比例，允许更多非国有资本进入。这一措施将有助于推动国有企业与市场接轨。例如，2020 年中国南方电网公司将其控股股东的股份转让给了社会资本，从而优化了股东结构，提升了企业治理水平。

（三）健全股东结构调整机制

国有企业需要制定公平合理的股东权益保障机制，确保各方利益得到有效维护。同时，应加强与投资者的沟通，建立高效的决策机制。例如，中石化在股东结构调整过程中，建立透明的沟通渠道和决策机制，便改善了股东间的利益关系。

二、推进市场化改革

混合所有制改革的另一个关键趋势是推进市场化改革，以提升企业的市场适应能力和运营效率。未来，混合所有制企业将进一步引入市场化机制，完善企业的管理体系和决策流程。这种市场化改革不仅有助于提高企业的运营效率，还能激发员工的积极性和创造力。其主要的实施路径包括以下几个方面。

（一）市场化薪酬体系

企业可以建立市场化的薪酬体系，根据员工的绩效和市场薪资水平设定薪酬标准。这种体系能够有效激发员工的工作动力和创新能力。例如，华为通过实施市场化薪酬体系，便提高了员工的工作效率和企业的创新能力。

（二）优化内部管理

企业需要优化内部流程，简化管理层级，提升决策效率。同时，引入市场化的项目管理和风险控制机制，以提高资源配置效率和风险应对能力。例如，阿里巴巴通过扁平化管理和市场化的项目管理，即显著提升了运营效率和市场响应速度。

（三）减少政府干预

政府应进一步放开对混合所有制企业的行政干预，推动企业自主经营和决策。通过减少政府的直接干预，企业能够更加灵活地应对市场变化。例如，2019 年政府放宽了对国有企业的行政审批，企业即能更快地进行市场调整和战略决策。

三、强化创新驱动

混合所有制改革将加强创新驱动，推动企业在技术和产品领域不断突破。随着市场竞争的加剧和技术的快速发展，企业往往需要通过创新来保持竞争力和市场份额。混合所有制结构可为企业引入外部的技术资源和管理经验，为技术创新提供了支持。其主要的实施路径包括以下几个方面。

（一）合作推动技术研发

企业应通过与科技公司、高等院校和研究机构的合作，推动技术研发和创新。例如，腾讯公司与多所高等院校合作，共同研发人工智能技术，推动了技术突破和产品创新。

（二）内部创新激励机制

企业内部应建立创新激励机制，鼓励员工提出创新方案和进行技术探索。同时，设立创新基金和奖励机制，激励员工在技术研发和产品改进方面积极做出贡献。例如，微软通过设立内部创新基金，即推动了员工的创新项目和技术发展。

（三）参与科技创新计划

企业应积极参与国家和地方的科技创新计划，申请政府的科技资助和项目支持。通过参与科技创新计划，企业不仅能获得政府的支持，还能提升自身的技术水平和市场竞争力。例如，国家高新技术企业创新资金支持计划即帮助许多企业获得了技术创新所需的资金。

四、推动国际化发展

混合所有制改革的另一个重要趋势是推动国际化发展。随着全球化进程的加快，企业需要拓展国际市场，提升全球业务的布局和运营能力。国际化发展能够为企业带来更多的市场机会和资源支持，有助于提升企业的全球竞争力。其主要的实施路径包括以下几个方面。

（一）国际并购与合作

企业可以通过国际并购和合作，获取海外市场资源和技术支持。例如，联想通过收购 IBM 的个人电脑业务，迅速拓展了国际市场，提升了全球业务的运营能力。

（二）设立海外子公司和研发中心

企业应设立海外子公司和研发中心，增强国际业务的布局和运营能力。例如，华为在多个国家设立研发中心，即推动了技术创新和其在全球市场的拓展。

（三）制定市场战略

企业应根据不同市场的特点和消费者需求，制定灵活的市场战略。例如，宝洁公司根据各地区的市场需求调整产品定位和营销策略，成功进入了多个国际市场。

五、实施绿色发展战略

随着人们环保意识的增强和可持续发展理念的普及，混合所有制企业将更加注重绿色发展。未来，企业将通过技术创新和管理改进，推动绿色技术的应用和资源的节约，从而实现可持续发展目标。其主要的实施路径包括以下几个方面。

（一）减少能源消耗和污染排放

企业可以通过技术创新和工艺改进，减少生产过程中的能源消耗和污染排放。例如，上海电气通过引入节能技术和环保设备，即显著降低了生产的能源消耗和污染排放。

（二）建立绿色供应链管理体系

企业需要确保供应链上下游的环保要求得到满足，通过对供应商的环保资质审核和监督，推动绿色采购和绿色物流。例如，沃尔玛实施的绿色供应链管理，即推动了供应商的环保实践。

（三）绿色认证和标准化

企业应积极参与绿色认证和标准化工作，提升绿色形象和市场竞争力。通过获得绿色认证和环保标志，企业能够向消费者展示其环保承诺和社会责任。例如，苹果通过获得 LEED 认证，即展示了其对绿色发展的承诺和实践。

第四节　混合所有制国有企业改革的国际经验

国有企业并非中国特有，国外也存在国有企业，并且许多国外的国有企业现在也普遍采用混合所有制形式。迄今为止，资本主义经历了从自由竞争资本主义到国家垄断资本主义的漫长过程，在这个过程中，混合经济并非一蹴而就，而是经历了从单纯市场经济到国家干预经济的发展历程。基于这一发展过程，混合经济不断完善，逐渐形成了一种较为成熟的经济制度。

一、英国模式

（一）主要做法

1. 市场化改革

1979 年玛格丽特·撒切尔政府上台后，英国实施了大规模的市场化改革，包括国有企业的私有化、削减政府开支以及推动市场自由化等。这些改革旨在解决“英国病”，即公共支出过高、财政赤字和经济停滞等问题。一系列改革最终带来了企业效率的提高和市场竞争力的增强。例如，撒切尔政府在 20 世纪 80 年代私有化了电力、煤气和铁路等多个行业。尤其是电力公司的私有化提高了运营效率，但电价上涨也引发了社会广泛关注（Seldon，1997）。

2. 自由化改革

撒切尔政府通过自由化改革推动了市场竞争，减少了政府对经济的干预。其改革不仅包括企业私有化，还涉及市场的全面自由化。改革后的电力公司和煤气公司，通过引入市场竞争和创新技术，提高了效率，但也引发了社会福利的减少和收入不平等的加剧（Stark，1998）。

3. 管理与控制机制

英国国有企业的重大决策需通过专门的法令，确保决策过程的合法性和透明度。然而，复杂的立法程序可能影响改革的灵活性和时效性。例如，某些企业改革由于法律程序冗长，可能导致企业在市场变化中反应迟缓（Bromley，2004）。

英国政府通过授权各主管大臣管理国有企业，负责任命董事会成员和决定企业经营方向的方式，确保了企业战略与国家政策的一致性，但也可能限制企业的自主性和市场响应能力（Wood，2006）。

此外，英国国有企业的重大投资项目需经过财政部和相关部门的审查和评估，企业需定期向主管部门报告生产经营情况。这种财政政策有助于控制公共开支，但也可能限制企业的运营灵活性和市场适应能力（Parker，2009）。

综上所述，英国的市场化改革提升了企业效率，通过自由化和私有化推动了市场竞争，但也带来了社会福利的减少和收入不平等问题，显示市场化改革中需要平衡效率与公平。

（二）对中国国企改革的启示

1. 平衡效率与公平

英国的改革经验表明，市场化改革能够提升企业效率，但必须平衡经济效率与社会公平。中国在推进国有企业混合所有制改革时，需要在引入市场机制的同时，考虑如何维护社会公平，避免因改革引发社会不平等加剧。例如，在引入私营资本的过程中，应关注低收入群体的利益，避免由于价格上涨等因素对他们造成负担（Seldon，1997）。

2. 灵活的管理与监督机制

英国的改革经历表明，灵活的管理与监督机制对国有企业的市场适应能力至关重要。中国在进行国有企业改革时，应建立能够适应市场变化的管理和监督机制。政府应减少直接干预，允许企业自主决策，同时设立独立的监管机构，以确保市场的公平竞争和企业的有效运作（Wood，2006）。

3. 改革的长期社会影响

英国私有化后的长期表现表明，虽然企业效率提高，但也可能带来社会福利问题。中国在推动国有企业改革时，应综合考虑改革对社会的长期影响。特别是在私有化和市场化的过程中，需要制定措施以保护弱势群体，确保改革的利益能够广泛惠及各阶层人群（Parker，2009）。

4. 制定适合国情的改革策略

英国的改革经验强调了制定适合本国国情的改革策略的重要性。中国在进行混合所有制改革时，应根据自身的经济结构和社会情况，制订具体的改革方案。例如，可以根据不同行业和企业的实际情况，灵活调整改革措施，确保改革能够有效解决存在的问题，同时促进经济的健康发展（Bromley，2004）。

二、美国模式

（一）主要做法

1. 政府干预与国有企业管理

美国的国有企业管理模式最初多受罗斯福新政和凯恩斯主义理论的影响。大萧条时期，罗斯福总统通过“新政”实施了大规模的经济干预，建立了多项国有企业和机构，如民间资源保护局（CCC）和公共工程管理局（PWA），以刺激经济增长和减少失业。这些措施虽然未完全遵循凯恩斯主义的经济理论，但符合凯恩斯关于政府应通过支出干预以缓解经济波动的观点（Schlesinger，2003；Keynes，1936）。

第二次世界大战后的经济扩张期，美国通过大规模政府支出推动了经济增长。数据显示，联邦财政支出从 1946 年的 552 亿美元激增至 1978 年的 9898 亿美元，占 GDP 的约 1/4。这些投资主要集中在私人企业不愿涉足的新兴产业和基础设施领域，如原子能和航天，推动了科技进步和基础设施建设。例如，美国原子能委员会（AEC）和 NASA 在原子能和航天领域的投资体现了政府对新兴产业的支持（Higgs，1997；Kirkland，2001）。

2. 国有企业的管理机制

在国有企业的管理方面，美国政府采用了多种管理方法。例如，政府通过直接监管确保国有企业符合国家政策目标，矿务局对采矿工业的监管和联邦原子能委员会对原子能工业的监管，这种监管确保了企业在关键领域的规范运营（Stevens，2011）。此外，政府也通过合同、价格补贴和税收政策调控企业经济活动。例如，通过合同和补贴支持私营公司参与航天工程，如 NASA 与私人企业的合作（Hecht，1998）。

3. 灵活管理与私有资本的参与

美国国有企业的董事会成员多由政府部门任命，以确保企业战略方向与国家政策一致。政府还通过设立专门部门管理国有企业，负责监督运营并确保政策一致性（Baker，2004；Miller，2010）。私人资本的参与在军事工业和其他领域表现突出。政府通过租赁和承包方式将部分国有企业运营交给私人公司，提升了运营效率（Freedman，2003）。

美国的国有企业管理模式在提升经济稳定性和市场效率方面发挥了重要作用。政府的投资和间接干预有效应对了经济危机和市场缺陷，同时保持了市场经济的基本特征（Higgs，1997）。尽管面临效率和创新能力受限的问题，美国的经验仍可为其他国家在国有企业管理和改革时提供有益的借鉴（Freedman，2003）。

（二）对中国国企改革的启示

1. 政府投资与间接干预

美国的经验表明，政府投资和间接干预可以有效应对市场缺陷和经济危机。在中国，类似的政府投资应用于支持关键领域和新兴产业，如科技和基础设施建设。需要注意的是，这些干预措施应以促进经济增长为目标，同时避免对市场自由的过度干预，以维护市场经济的基本特征（Schlesinger，2003）。

2. 灵活的管理机制

美国模式中的灵活管理和分权机制值得中国借鉴。政府通过设立专门部门来管理和监督国有企业，可以确保企业在符合国家政策的同时保持运营灵活性。此外，政府可以通过合同、价格补贴和税收政策等手段调控企业经济活动，帮助企业适应市场变化，提高运营效率（Baker，2004）。

3. 私人资本的参与

美国在许多重要领域通过租赁和承包的方式将国有企业的运营交给私人公司，这种方式有助于提升企业效率。中国可以考虑在一些非核心领域引入私人资本，以提高国有企业的运营效率和竞争力，同时避免私人资本过度介入导致的利益冲突和资源配置不合理等问题（Freedman，2003）。

三、日本模式

（一）主要做法

1. 政府干预与私有制主导

日本的经济体制被称为“政府主导型市场经济”，在市场机制与政府干预之间实现了独特的平衡。尽管日本经济以私有企业为主，政府通常不干预企业的日常经营，但在基础设施和公共服务设施等关键领域，政府仍在进行积极的投资和管理。日本政府的干预主要集中在交通、能源、邮政、广播、教育和福利等领域，以增进社会整体福祉和经济稳定发展（Johnson，1982；Vogel，1979）。例如，日本政府对东京地铁系统的投资不仅提升了城市交通效率，还促进了经济繁荣和居民生活质量（Hoshi & Kashyap，2001）。

2. 企业所有制结构与交叉持股

日本企业的所有制结构主要包括法人所有制和个人所有制，其中法人所有制占据主导地位。大企业普遍采用股份制形式，股权结构高度分散，前五大股东的股份总和通常不足20%，法人持股比例较高，个人持股比例相对较低，企业间的交叉持股现象也很普遍。这种网络结构有助于企业之间的资本合作和技术创新，同时减轻个别企业面临的风险。例如，丰田、索尼等大型企业通过交叉持股与其他企业建立了紧密的资本合作关系，不仅支持了企业的技术研发，还稳固了企业在市场中的地位（Kikuchi，1992）。

3. 决策体系与政府投资

日本的决策体系包括个人分散决策与政府集中决策。私人企业在生产经营上享有自主权，但政府通过产业政策和经济计划对关键领域进行引导和调控。政府在制定经济政策时充分考虑市场需求和企业发展的实际情况，并通过长期经济计划指导产业结构调整和资源配置（Aoki，1990；Okimoto，1989）。例如，日本政府通过“产业政策”计划，推动了半导体、汽车和机器人等行业的发展，帮助日本的这些领域在全球市场上占据了领先地位。此外，日本政府投资占财政支出的比重相对较高。例如，1972 年政府投资占财政支出的 29%，显著高于许多其他发达国家。这种高投资比例表明，政府在促进经济发展和维护公共利益方面发挥了重要作用（Hoshi & Kashyap，2001）。

（二）对中国国企改革的启示

1. 政府投资与经济发展

政府可以通过在关键领域的投资和调控来促进经济增长和社会福利。在中国，政府可以在基础设施建设和科技创新领域发挥更积极的作用，以提升整体经济发展水平，并保持市场机制的有效运作，特别是在新兴技术和基础设施建设方面投资，能够为经济发展奠定坚实基础（Johnson，1982）。

2. 企业所有制结构与资本合作

日本企业的交叉持股和法人持股结构是资本合作和风险分担的一种有效模式。中国可以借鉴这种资本结构，通过增强企业间的合作与创新能力，减少单个企业面临的市场风险。类似的资本合作机制，有助于提升国有企业的市场竞争力和抗风险能力（Kikuchi，1992）。

3. 政府调控与社会稳定

日本模式中的政府投资和调控政策在维护社会稳定方面发挥了关键作用。中国可以学习如何通过高效的公共服务和社会福利制度，确保社会公平和稳定，以支持经济的可持续发展。例如，通过扩展教育和医疗服务，改善社会福利，从而提升国民的生活质量和经济发展潜力（Hoshi & Kashyap，2001）。

四、法国模式

（一）主要做法

1. 国有经济与市场机制的结合

法国经济体制结合了私有企业和国家干预。政府通过国有化政策在关键领域进行干预，以稳定经济和保障资源供应。例如，20 世纪中叶，法国实施了大规模的国有化政策，涵盖煤炭、汽车、航空等行业。政府控制这些行业的主要企业，以确保资源稳定供应和经济平稳运行。在基础设施和公共服务领域，法国政府的干预尤为显著，如电力、交通和通信等，政府直接投资和管理这些领域的重要设施，以保障长期稳定和公共服务的可及性（Johnson，1982）。

2. 决策体系

法国的经济决策体系融合了政府干预和市场机制。政府制定经济政策时，综合考虑市场需求和企业发展，通过长期经济计划指导产业结构调整和资源配置。例如，通过“现代化与装备计划”推动第二次世界大战后的经济恢复和工业现代化。此外，法国政府还制定了针对特定行业的产业政策，支持半导体、汽车和机器人等战略性行业的发展，促进技术进步和产业升级。1972 年，法国政府投资占财政支出的 29%，显示出政府在基础设施建设、科技研发和社会福利领域的高投资比例，为经济发展奠定了坚实基础（Hoshi & Kashyap，2001）。

3. 国有化与市场自由化的平衡

法国经济体制在不同历史时期采取调整国有化与市场自由化的政策以应对经济和社会挑战。例如，法国 1970 年左右推行的“巴尔计划”，旨在通过市场自由化激活经济，但随之而来的通货膨胀和失业问题又促使政府在 1980 年左右重新采取了国有化措施，扩大了政府在经济中的作用，增强了政府对重要行业的控制度。法国的实践表明，经济自由化政策作为辅助手段，主要用以优化政府与市场的关系，促进资源的有效配置（Okimoto，1989）。

（二）对中国国企改革的启示

1. 灵活调整国有化与市场自由化政策

法国的经验表明，动态调整国有化与市场自由化政策是应对经济波动和社会挑战的有效策略。中国在推进国有企业改革时，可以借鉴这种政策交替模式，在有需要时进行国有化以保障关键行业的稳定，同时在经济复苏时期推进市场自由化，激发经济活力和创新能力（Johnson，1982）。

2. 平衡国家干预与市场机制

法国经济体制展示了国家干预与市场机制的有效结合。中国在国有企业改革过程中，应保持政府对关键领域的有效干预，同时鼓励市场机制在非核心领域发挥作用。政府通过灵活的政策调整，优化国有企业的管理和运营，可促进经济的可持续发展和社会公平（Hoshi & Kashyap，2001）。

3. 优化资源配置与社会福利

法国的经验表明，政府的有效干预可以促进资源的有效配置和社会福利的提升。中国应在改革过程中加强对市场机制的引导和监督，同时保障国家对重要经济领域的控制，以平衡经济增长和社会福利。例如，通过在基础设施和公共服务领域的投资，提升社会福利，增强经济的包容性和稳定性（Okimoto，1989）。

五、韩国模式

（一）主要做法

1. 所有制结构的多元化与动态调整

韩国经济体制中，国有资本主要集中在能源、交通、港口等基础设施领域，而私人资本则涵盖制造业、商业、金融和保险业等，外国资本主要在新兴产业和出口导向产业。政府通过实施公平竞争政策，避免特殊保护，以促进私人资本和外资的健康发展。这种多元化的所有制结构有助于增强市场活力和推动经济增长。例如，20 世纪 70 年代韩国通过大规模国有化措施推动了国有经济的发展，80 年代起又通过“大众股份计划”逐步减少国有经济比重，增加私人资本，提升了市场资源配置效率。进入 80 年代，国有经济和私有经济则实现了有效融合与动态调整，国有经济在关键领域发挥引导作用，私有经济成为主导力量。

2. 国有经济与私有经济的融合发展

韩国国有经济主要集中在基础性和战略性领域，确保经济的长期稳定，同时在其他领域，私人资本和外国资本的引入促进了经济的灵活性和市场竞争力。这种结构确保了国有经济和私有经济的有效融合，实现了经济的稳步增长，并推动了经济结构的动态调整和优化。

（二）对中国国企改革的启示

1. 优化所有制结构，平衡不同所有制形式

中国可以借鉴韩国的做法，将国有资本、私人资本和外国资本相结合，优化所有制结构。在基础设施和战略性领域保持国有资本的作用，同时鼓励私人资本和外国资本参与更多经济领域，以提升市场活

力和资源配置效率。这种优化有助于实现经济的全面发展，并提高企业的市场竞争力。

2. 灵活调整国有与私有经济比重

韩国的经验表明，动态调整国有经济和私有经济的比重可以有效应对经济波动和挑战。中国在推进国有企业改革时，应根据实际情况灵活调整国有经济和私有经济的比重，在战略性和公共服务领域保持必要的国有资本比例，同时在其他领域引入私人资本和外国资本，以提高企业效率和竞争力，从而增强经济的适应能力。

3. 促进私有资本和外国资本的健康发展

韩国通过公平竞争政策推动了私有资本和外资的发展。中国应学习这一经验，建立和维护公平竞争的市场环境，避免对某些所有制形式的特殊保护或优待。通过提供公平的市场准入条件和竞争规则，鼓励私人资本和外国资本的参与，以促进技术创新和经济发展。

4. 发挥国有经济的补充作用

韩国展示了国有经济在关键领域发挥引导作用的有效。我国国企改革过程中，应继续在基础设施和战略性领域发挥国有经济的重要作用，同时提升国有企业的管理水平和效率。通过有效结合市场机制和国家干预，实现经济的长期稳定和可持续发展。

本章小结

本章主要探讨了混合所有制国有企业改革的难点、国有资产管理体制问题以及国际经验对我国混合所有制改革的借鉴意义。首先，混合所有制国有企业改革面临多方面的挑战，包括改革进展缓慢、国有资产流失、国有企业“行政化”问题、控制权的复杂性以及国有与非国有股份的冲突与协同等。特别是不同所有制投资者的融合问题，需要通过有效的治理机制和协调机制来解决。

其次，国有资产管理体制的改革在国资委成立后遗留了一些问题，在混改背景下，国资管理体制面临新挑战。有效的资产管理和监督机制仍是改革成功的关键。

最后，国际经验可为中国混合所有制改革提供宝贵的借鉴。英国、美国、日本、法国和韩国的经验各具特色，展示了不同国家在混合所有制改革中如何平衡市场和政府的角色，处理国有资本与私人资本的关系。通过对这些模式的分析，可以为中国的改革提供参考，特别是在优化国有企业结构、提升市场效率和促进经济稳定增长方面发挥作用。

第四章　混合所有制改革背景下国有企业控制权配置

国有企业改革的目标是建立现代企业制度，提高国有企业的市场竞争力，同时确保公有制经济的主导地位。鉴于国有股东和非国有股东对于混合所有制企业的利益诉求并不完全一致，双方在企业决策中不可避免会产生冲突。因此，控制权配置便成为国有企业混合所有制改革的关键问题。如何设置非国有股份的比例，以及如何在不同类型的股东之间分配企业控制权，是决定改革成败的核心。

第一节　概述

一、控制权问题的描述与分析

国有企业的混合所有制改革旨在建立规范化的现代企业制度，以提升其市场竞争力，推动经济高质量发展。然而，在我国特定的国情下，这一改革不仅需要实现市场化的目标，还需要维护公有制经济的主导地位。这就需要解决一个核心问题：如何在混合所有制改革中合理配置非国有股份的比例，并在国有股东和非国有股东之间有效分配控制权？

改革的核心目标是优化国有企业的治理结构，使企业能够在竞争激烈的市场中更有效地运作。国有企业在市场中的角色至关重要，但传统的管理和控制模式却存在诸多弊端，如机制僵化、竞争力不强、效率低下等。因此，混合所有制改革通过引入非国有资本和先进的管理理念，旨在提高企业的运营效率和市场反应能力。这种改革将促使国有企业更好地适应市场环境，同时提升其核心竞争力。

然而，改革的实施必须充分考虑我国的基本国情。我国现行的基本经济制度明确公有制经济在国民经济中占据主导地位。这就要求在混合所有制改革中，国有股东仍然需要保持对企业的控制权，以确保国家经济利益和社会公共利益不受损害。因此，改革的设计必须在引入非国有资本的同时，保证国有资本在企业中的主导地位。这就涉及如何合理设置非国有股份的比例，以保证国有资本的相对优势，同时又能充分发挥非国有资本的积极作用的问题。

在具体操作中，选择合理的非国有股份比例是一个复杂的任务。过高的非国有股份比例可能会削弱国有资本的控制力，影响企业的决策权和战略方向。相反，过低的非国有股份比例则可能无法有效引入市场机制和管理经验，限制企业的改革进程。因此，确定一个合适的非国有股份比例，需要综合考虑企业的行业特性、市场环境、发展阶段以及非国有股东的实际参与程度等多方面的因素。

控制权的分配问题同样至关重要。在国有企业的混合所有制改革中，国有股东和非国有股东的权利和责任应当明确划分。通常，国有股东应保留对企业重大决策的控制权，例如董事会成员的选举权、重大投资决策的审批权等。然而，非国有股东的权益也需要得到充分保障，以促进其积极参与企业的管理和创新。合理的控制权分配不仅能平衡各方利益，还能激发非国有股东的积极性，推动企业的整体发展。

在实际操作中，一些成功的混合所有制改革案例显示，通过合理设计股东结构和治理机制，有助于充分激发国有资本和非国有资本的活力。例如，部分企业通过设立管理委员会或专业委员会，将日常管理和决策权下放，以提升决策效率和管理水平，同时保持国有股东在关键决策中的主导地位。

因此，国有企业的混合所有制改革是一项复杂而系统的工程。合理配置非国有股份的比例和控制权，是确保改革成功的关键因素。当然，在改革过程中，必须充分考虑我国的国情，平衡各方利益，才能实现国有企业的健康发展和市场竞争力的提升。这一过程需要不断探索和优化，以适应不断变化的市场环境和经济发展需求。

二、混合所有制国有企业控制权配置存在的主要问题

在我国推进国有企业混合所有制改革的过程中，国有企业的控制权配置面临着一系列复杂的问题。如何在确保国有资本主导地位的同时，充分发挥市场机制的作用，平衡股东之间的利益，是我国混合所有制国有企业面临的主要问题。

（一）控制权配置的不对称性

混合所有制改革的一个核心问题是如何在国有股东和非国有股东之间平衡控制权。通常情况下，国有股东希望保持对企业重大决策的控制权，以保障国家利益和公共利益。然而，非国有股东则可能倾向于获得更多的决策权，以确保其投资的回报和企业的运营效率。这种控制权的不对称性可能导致以下问题：

1. 决策效率低下

在控制权不对称的情况下，企业可能面临决策效率低下的问题。例如，国有股东对重大投资决策的控制可能导致非国有股东在决策过程中缺乏积极性，进而影响企业的创新能力和市场适应能力。

2. 治理结构复杂

不对称的控制权配置会使企业的治理结构变得更加复杂，可能导致股东利益冲突和管理层的矛盾，从而影响企业的整体运营效率。

（二）股东权利与义务的不明确

混合所有制企业中，股东的权利和义务需要明确划分，以便国有股东和非国有股东在企业治理中形成合力。然而，在实际操作中，股东的权利和义务往往存在一些模糊地带，并导致以下问题：

1. 权利滥用

国有股东可能会利用其控制权来保护自身利益，而非国有股东则

可能由于权利不明确而无法有效维护自身权益。这种权利滥用可能导致企业内部的利益分配不公。

2. 责任划分不清

在权利和义务不明确的情况下，企业在面临财务困境或经营风险时，股东的责任划分也可能变得模糊，影响企业的风险管理和运营效率。

（三）股东间利益冲突

混合所有制改革中，国有股东和非国有股东的利益往往存在一定的冲突。例如，国有股东可能更关注企业的社会责任和长期稳定，而非国有股东则可能更注重短期财务回报。这种利益冲突可能引发以下问题：

1. 战略方向分歧

由于股东之间对企业未来发展方向的关注点不同，可能会出现战略上的分歧。这种分歧不仅影响企业的战略制定，还可能导致战略在执行过程中双方出现摩擦。

2. 投资回报不平衡

股东间的利益冲突可能导致投资回报的分配不平衡，尤其是当企业面临资源稀缺时，利益分配的不公平可能导致非国有股东对企业不满和不信任。

（四）控制权配置的法律与制度保障不足

目前，我国在混合所有制企业的控制权配置方面，相关的法律法规和制度设计仍然不够完善，主要表现在以下方面：

1. 法规不完善

尽管我国已经出台了一些关于混合所有制改革的政策文件，但在具体的法律和制度设计上，仍然存在一定的空白。例如，对特殊股权结构的法律保障不够，可能影响控制权的合理配置和企业的治理效率。

2. 实施机制不健全

现有的政策和法规在实施过程中，可能面临执行难度大、监督管理不到位等问题，导致控制权配置的实际效果不及预期。

（五）市场化机制不健全

虽然混合所有制改革的一个重要目标是引入市场化机制，但在实际操作中，市场化机制往往受到一些内外部环境的制约。

1. 市场化管理机制未完全建立

尽管非国有资本的引入可以带来一定的市场化管理经验，但国有企业的传统管理模式和行政干预仍然存在，市场化管理机制的建立进展缓慢。

2. 市场化激励机制不足

在控制权配置中，如何设置有效的市场化激励机制，激发非国有股东的积极性和创新性是一个亟待解决的问题。目前，中国市场化激励机制的设计和实施仍有待进一步完善。

第二节　混合所有制企业控制权的特殊安排

一、特殊股权结构安排

根据股东“同质化”假设，股权结构中的“一股一权”投票原则容易建立，但现实中不同类型的股东处于不同的社会背景，拥有多样化的治理需求和利益偏好，这不可避免地将导致权力冲突和利益矛盾。此外，在混合所有制企业中，股东的社会身份和投资组合差异也会引发收益认同的分歧。尽管各类股东理论上都支持公司利润最大化原则，但在实际操作中，他们对实现该原则的方式常有不同看法，从而增加决策成本。例如，投机型股东倾向于选择短期升值、高风险的项目，而价值型股东更偏好长期回报、稳健增值的项目。这种投资视角的不同显示了股东在项目偏好上的明显差异。

此外，各类股东在公司治理中的决策能力也存在显著差异，如合同谈判、形势分析、信息收集等。企业创始股东在公司治理中的早期参与虽然使其能够获取一定的显性决策信息，但一般与是否担任职务密切相关。混改后的公司治理实践中，全面而必要的决策信息是各类股东做出合理决策的基础。因此，要求企业各类股东在公司治理中表现出完全一致的决策能力是不现实的，也难以确认创始股东是否在集中决策中充分反映其原有的权益偏好。基于资本平等的核心原则，股东被划分为控制团队和非控制团队。公开融资后，企业创始股东常担心其持股比例下降，成为中小股东，或遭遇恶意收购，其收益被控制股东侵蚀，甚至担心混合所有制企业的发展将会偏离国企混改的初衷。

因此，将股东特质的不平等投票权引入"股权多数决"治理机制，是国有创始股东在国企混改或社会融资中迫切需要的解决方案。虽然"一股一权"在全球范围内得到广泛认可并被应用于各类企业治理中，但大量符合股东异质性的股权结构设计仍然普遍存在。其主要有两种形式：一是在发行普通股的基础上，另行发行具有特殊投票权的类别股，即金股制度；二是仅发行普通股，但对特定股东群体的投票权进行限制或增强，即合伙人制度或双层股权结构。但我国的国家特殊管理股不能仅凭理论推导得出，更不能盲目模仿西方经验，而应基于新时代的国企混改实际，进行制度创新。探索适合我国社会主义建设的国家特殊管理股制度，将有助于完善国企现代企业制度，推动股份制改革。

二、我国混合所有制企业特殊控制权安排

我国正积极规划并制定涵盖面更广的特殊股权制度政策，并推进

相关改革试点工作。正如表 4－1 所示，党的十八大报告明确提出，要坚定不移地巩固和发展公有制经济，推行公有制的多种实现形式。之后，党的十九大报告再次重申，改革国资授权经营体制，发展混合所有制经济，增强国有资本的实力和竞争力。因此，在国企混合所有制改革的顶层设计中，需要更深层次、更大范围和更多样化的产权制度创新，来有效解决“监管与放权、政府与市场、政府与企业”之间的复杂关系。股权制度的创新不仅是国企产权制度变革的核心内容，也是混合所有制改革中治理结构变革的基础。

党的十八届三中全会首次提出，要对重要的国有传媒企业在转制过程中探索实施特殊管理股制度。国资委也表示将积极探索优先股和国家特殊管理股制度，而国务院则提出在军工企业混改过程中试行该制度。2018 年 4 月，香港交易所修改规则，首次允许拥有不同投票权结构的企业上市。虽然，国企推行国家特殊股权制度有助于保持国家在关键领域的控制力，并改善国有股“一股独大”带来的治理问题。但是，设立“国家特殊管理股”因为是我国国企混改的历史性突破，必须慎重设计具备可操作性的制度支撑体系。

在股份制改造和上市融资的过程中，创始股东通常会设计“特殊管理股”结构，以防止恶意收购并保持最大控制权。然而，“国家特殊管理股”应如何定义，至今尚无明确的法规或政策文件给出具体答案。结合国企混改的目标，尤其是自党的十八届三中全会提出特殊管理股后，众多研究者认为，中国的国家特殊管理股制度虽然与西方资本主义国家常见的双层股权结构及金股制度存在相似之处，但两者在本质上仍有所区别，重点即在控制权配置和运作模式的创新上。

特殊股权制度是解决出版传媒类国企改革难题的创新方案，其核心在于党和政府对舆论导向的把控。例如，在总编辑和主编的人事任命上，拥有“一票否决权”，确保这类国企能够最大限度地满足人民日益增长的文化需求。实施特殊股权制度时，需要打破传统国企体制的束缚，创新法人治理模式。国家特殊管理股应结合中国的市场经济环境和国企混改的进程，依据中国特色社会主义制度，发展出改进版的“金股制度”。

国家特殊管理股的设立和行使权力的程序应在企业章程中明确规定，遵循公开、公平、公正的原则，并设立必要的约束机制，完善相应的法律政策。有些研究者还认为，国家特殊管理股是一种中国特色的“双层股权结构”形式。

表 4-1　我国设计国家特殊管理股制度的政策文件

时间	政策文件	内容
2013 年 11 月	党的十八届三中全会《关于全面深化改革若干重大问题的决定》	对按规定转制的重要国有传媒企业，探索实行特殊管理股制度
2014 年 2 月	中央全面深化改革领导小组《关于深化文化体制改革实施方案》	把传媒企业实行特殊管理股制度列为 2014 年工作要点
2015 年 8 月	国务院《关于深化国有企业改革的指导意见》	推进公司制股份制改革，允许将部分国资转为优先股，在少数特定领域探索建立国家特殊管理股制度
2017 年 11 月	《党的十九大报告辅导读本》	全面完成公司制，推进股份制，引入各类投资者，多元化股权，建立优先股和国家特殊管理股制度
2017 年 11 月	国务院办公厅《关于推动国防科技工业军民融合深度发展的意见》	积极稳妥推动军工企业混改，鼓励符合条件的军工企业上市或将军工资产注入上市公司，建立军工独立董事制度，探索建立国家特殊管理股制度
2018 年 3 月	十三届全国人民代表大会《关于 2017 年国民经济与社会发展计划执行情况与 2018 年国民经济与社会发展计划草案的报告》	积极稳妥推进处于充分竞争行业和领域的商业类国有企业混改，健全混合所有制企业治理机制，探索特殊管理股制度

资料来源：根据相关文件整理。

三、境外特殊股权结构安排及其法律依据

西方发达资本主义国家很早即引入了不同于“一股一票”表决权

的特权股，而且在各国的表现形式均有所不同。美国的私人企业为了确保创始股东对企业的控制，在公开募资时通常采用双层股权结构；而英国的国有企业在私有化过程中，则使用了“政府在特定事项上保留一票否决权”的金股制度。总体而言，特殊股权制度是一种产权制度和治理结构的创新，旨在平衡“扩大企业融资渠道”与“维护创始股东或政府控制权”的关系。这些西方资本主义国家的成熟特殊股权制度为我国国企混改中的多元化股权结构提供了宝贵的经验参考。(见表 4 – 2)

表 4 – 2　　各国及地区特殊股权结构安排的法律依据

国家或地区	法律	版本或法条	具体规定内容
欧盟	《股东权利指引》	2007 年修正案	增加“双重表决权”，以奖励长期投资的股东
美国	《标准公司法》	第 6 章第 1 节	公司有权通过章程对其发行的不同类别股详细事项进行规定说明
	《特拉华州公司法》	第 151 条	各类公司都有权发行一种类别或以上的股份，各类别也可发行一种或以上的系列股票
英国	《公司法》(2006 年)	第 629 条第 1 款	根据立法原则，如附随于股份的权与利在各方面均保持一致，则这些股份就应属于同一类别
德国	《股份公司法》	第 11 条	股份可被赋予不同程度的权利，尤其是体现在利润分配上的权利
		第 12 条	公司每股都应当享有表决权，但也可发行无表决权的优先股
		第 139 条第 2 款	无表决权优先股票面价值总和不能超过发行后公司资本总额的 50%
	《大众私有化法》	第 3 章	政府享有一系列特权：任何单一股东享有的投票权不得超过 20%；即使拥有超过 20% 股份的股东，最多只能行使不超过 20% 的投票权；政府有权任命董事会中的政府代表

续表

国家或地区	法律	版本或法条	具体规定内容
法国	《商法典》	第 L228－11 条	优先股可附着表决权，也可不附着而使持有人能因此被赋予特殊待遇
		第 L225－123 条	公司所发行的优先股不得超过已发行资本金的 50%，而上市公司的发行限额为资本金的 25%
		第 L225－125 条	即使未发行优先股，公司也可通过章程扩大或限制某类股东的投票权
	《弗洛朗热法案》	第 2 章	除经 2/3 的股东同意外，持股逾两年以上的股东将享有双重表决权
意大利	《民法典》	第 2348 条	允许公司通过章程发行类别股份
		第 2351 条	法定范围内，允许公司自由决定各类股份属性，自由设置股东表决
	《私有化主体法》（1994 年）	L474，23/12/9911/02/00	政府有权否决超过 5% 的收购；政府有权否决董事会决议
葡萄牙	《皇家法令》（1999 年）	Decree-law11/96，5/94，380/93	并购公司 10% 以上的股份需得到政府的批准；政府有权否决公司董事会决议；按照公司章程规定，任何单个股东的投票权不得超过 10%
比利时	《皇家法令》（1994 年）	第 3 章	政府有权任命董事会代表；能源部长可以反对任何有可能危害天然气供应的任何管理决策
西班牙	《私有化主体法》（1995 年）	Law55/1999	政府有权否决超过 10% 的股份的收购；政府有权否决有关资产出售、股权稀释、并购、商业目标的改变等相关的管理决策；政府有权反对上市公司持有的超过 3% 投票权的行使

续表

国家或地区	法律	版本或法条	具体规定内容
荷兰	《私有化主体法》	1989；2005	政府有权任命监督董事会成员；政府对某些战略决策（如拆分政策、发行股票等重大重组事项）享有一票否决特权
丹麦	《政府法案》（1990年）	第428条	单一股东不得拥有超过10%的股份；某些商业决策需交通部长审批
韩国	《商法典》	第344－2条第1款	公司在发行不同内容的种类股时，应当在章程中记载向相应股东交付财产的种类、决定分配价格的方式、分配利益的条件等内容
日本	《公司法》（2006年）	第108条第1－1款；第108条第1－9款	公司可发行并规定不同内容的两种以上类别股，授权公司章程赋予特定类别股东选任一定数量董事或监事的权利
新加坡	《公司法》（2006年）	第64条第1款	除报业公司根据《报纸和印刷出版法案》发行管理层股票外，任何一只普通股应授予股东大会一票表决权
中国	国务院《关于开展优先股试点的指导意见》	第1章第1条	优先股是依照《公司法》，在一般规定的普通种类股份之外，另行规定的其他种类股份，其股份持有人优先于普通股股东分配公司利润和剩余财产，但参与公司决策管理等权利受到限制
中国香港	《公司条例》	第57A条第1款	允许在港注册成立的公司在其公司章程细则中约定发行多种级别或者具有不同投票权的股份
中国香港	《上市规则》	第8－11条	新申请人的股本不得包括下述股份：拟附带的投票权利与其缴足股款时所应有的股本权益不构成合理比例（B股），不批准发行人已发行的新B股上市，也不允许发行人发行新B股
中国台湾	《公司法》（2015年新订）	闭锁性股份公司专节356－1－14条	首次引进过去不被允许的复数表决权

第三节　混合所有制国有企业的控制权安排

一、淡马锡模式的核心与实践

“淡马锡模式”是新加坡政府对于国有资产管理的创新模式，这种模式在全球范围内具有显著的参考价值。淡马锡控股公司（Temasek Holdings）成立于1974年，作为新加坡政府的投资机构，负责管理和运营政府的国有资产。淡马锡的核心使命是通过商业化和市场化的投资策略，实现国有资产的保值增值。这种模式不仅在新加坡内部产生了积极影响，还给其他国家的国有企业改革提供了可以借鉴的地方。

（一）独立性与市场化运作

淡马锡模式的一个显著特点是其高度的独立性和市场化运作方式。尽管淡马锡由新加坡政府全资拥有，但它在运营上几乎完全独立于政府，不受政府的日常行政干预。淡马锡的投资决策严格遵循市场原则，以财务回报和股东价值最大化为目标。通过组建专业化的管理团队，淡马锡确保其投资活动具有高度的透明性和专业性。基于现代企业管理理念，淡马锡由独立于政府的专业管理团队负责运作，设立了独立董事会和严格的内部审计流程。这种结构不仅提升了企业的运营效率，还增强了外部投资者的信心。

这样的独立性使淡马锡可以灵活应对市场变化，及时识别并充分评估全球范围内的投资机会，也让其能够在全球金融市场中占据有利位置，为新加坡政府创造了巨大的财政收益。相比之下，许多其他国家的国有企业仍然面临政府干预的问题，这往往导致决策效率低下和市场适应能力不足的问题。

（二）多元化投资与全球化布局

淡马锡的投资策略以多元化和全球化为核心。与传统的国有投资模式不同，淡马锡不仅关注新加坡本土市场，还积极在全球范围内寻找投资机会，投资组合涵盖金融服务、能源、通信、技术、消费品等多个行业。这种多元化的投资策略不仅分散了风险，也确保了淡马锡在不同经济周期中能够保持稳定的收益。

全球化布局是淡马锡模式的另一大亮点。淡马锡的全球投资网络使其能够在不同地区的市场中获益，同时也为新加坡的经济发展带来国际视野和资源。淡马锡在全球范围内的投资成功不仅提升了新加坡在国际经济中的地位，也为其他国家的国有投资机构提供了成功经验。通过多元化和全球化的投资，淡马锡有效降低了依赖单一市场或行业的风险，从而实现了长期稳定的回报。

（三）社会责任与国家战略的结合

虽然淡马锡以市场化运作为导向，但其投资决策并未脱离新加坡的国家战略和社会责任。淡马锡在制定投资策略时，通常会考虑到其对新加坡经济的长期影响以及对社会福祉的贡献。这种双重目标的设定使淡马锡不仅是一个追求利润的商业实体，也是新加坡实施国家战略的重要工具。

例如，在选择投资项目时，淡马锡会优先考虑那些能够为新加坡带来长期经济增长和技术创新的领域。此外，淡马锡还积极参与社会责任项目，通过慈善基金和社会投资，支持教育、医疗、环保等社会公益事业。这种结合国家战略与社会责任的投资模式，使淡马锡不仅在商业上取得了成功，也在社会影响力方面树立了良好形象。

“淡马锡模式”的成功经验为其他国家特别是中国在推进国有企业改革、提升国有资本运营效率方面提供了重要启示。通过借鉴淡马锡的经验，其他国家的国有企业可以更好地平衡市场化与政府战略之间的关系，提升运营实效。

二、淡马锡模式对我国混合所有制国有企业的启示

（一）增强市场化导向

淡马锡模式的核心之一是其高度的市场化运营和独立性。这种模式强调企业独立于政府干预，以市场需求为导向进行决策。这对于中国的国有企业改革具有重要的借鉴意义。我国国有企业长期以来受到政府的直接管理，在某种程度上削弱了企业的市场竞争力，在市场发生变化时缺乏灵活性。因此，我国的混合所有制改革必须进一步推动国有企业的市场化运作，减少行政干预，使企业能够根据市场需求和经济规律自主进行经营决策。

在实际操作中，增强市场化导向意味着我国国有企业应逐步减少对政府补贴和政策保护的依赖，增强自主经营能力和市场适应能力。这不仅包括优化企业的内部管理结构，还涉及提升企业的创新能力和市场反应速度。淡马锡通过专业的管理团队和以市场为导向的投资策略，成功实现了国有资产的增值和保值。我国国有企业也可以通过引入市场机制，提升决策的科学性和效率，逐步建立起以市场为导向的运营体系，从而在激烈的市场竞争中占据更有利的位置。

（二）完善公司治理结构

淡马锡的成功在很大程度上归功于其卓越的公司治理结构。良好的公司治理不仅有助于提升企业的运营效率，还能增强外部投资者的信心，提高企业的市场竞争力。我国国有企业在进行混合所有制改革时，特别需要借鉴淡马锡的治理经验。首先，国有企业应加强董事会的独立性与专业性，确保董事会能够有效监督管理层的决策，并制定合理的企业长期发展战略。淡马锡的董事会结构是一个很好的参考，

其成员不仅具备丰富的管理经验，还能够代表股东利益，确保公司治理的公平性和透明度。

此外，我国国有企业在引入外部资本后，还需明确管理层的职责与权责，避免权力的集中和滥用。淡马锡在治理结构上强调透明度，通过严格的审计和内控机制，保障企业的健康发展。我国国有企业可以通过建立类似机制，增强企业内部管理的透明度，减少腐败和权力寻租的现象，从而进一步提高企业的治理水平和市场信誉。

（三）平衡国家战略与企业效益

淡马锡成功的另一个关键在于其巧妙地平衡了国家战略与企业效益。这一点对于我国国有企业改革同样重要。尽管市场化运作是企业生存和发展的核心，但国有企业作为国家经济的重要组成部分，还承担着一定的社会责任和战略任务。因此，在推进混合所有制改革的过程中，必须确保国有企业在追求经济效益的同时，还能兼顾国家战略目标和社会责任。

这种平衡的实现需要企业在制定战略时，将国家的长远利益和社会发展需求纳入考量。例如，淡马锡在投资过程中，不仅关注财务回报，还考虑其投资是否有助于新加坡的长期经济增长和社会进步。我国国有企业在推进市场化改革的同时，也需坚持这一原则，在确保企业实现经济效益的同时，还能为国家战略的实施提供支持。具体而言，企业可优先在新能源、科技创新、基础设施等国家重点发展领域进行投资，既可促进企业自身的发展，又可推动国家整体经济的进步。

（四）引导多元化与全球化投资

淡马锡的多元化和全球化投资策略为我国国有企业的国际化发展提供了宝贵经验。淡马锡通过在全球范围内布局投资，有效分散了风险，并获取了多元化的收益。我国国有企业在进行混合所有制改革时，也应积极借鉴这种投资策略，打破单一市场和行业的限制，扩大投资范围和领域。

在国际化投资方面，我国国有企业应利用自身的资金和资源优势，积极开拓全球市场，特别是在“一带一路”倡议框架下，参与国际基础设施建设和跨国并购等活动。这不仅能提升企业的国际竞争力，还能增强中国在全球经济中的影响力。与此同时，多元化投资策略还能帮助企业在国内经济环境发生变化时，依然保持稳定的增长。淡马锡通过多元化投资，成功规避了本土市场风险，我国国有企业也可以通过类似的策略，提升整体抗风险能力，实现可持续发展。

（五）健全法律与监管框架

为了保障混合所有制改革的顺利推进，需要健全相关的法律与监管框架。淡马锡的成功在一定程度上得益于新加坡完善的法律环境和严格的监管机制。我国国有企业在改革过程中，也需加强法律保障，确保非国有资本在混合所有制企业中的合法权益，防止国有资本在股份多元化后出现内部人控制或利益输送等问题。

我国应加强对国有企业改革的法律法规制定，明确企业的权责边界和运作规则。同时，强化监管机构的独立性和专业性，确保其能够有效监督企业的运营和管理。此外，还应鼓励企业加强信息披露，增强透明度，以提高市场和公众对改革成果的信心。只有在健全的法律和监管框架下，混合所有制改革才能顺利推进，国有企业才能在市场化运营中实现可持续发展。

三、我国混合所有制国有企业的特殊控制权安排

作为新加坡全资国有企业和主权财富基金，淡马锡的运作非常成功。其他国家针对混合所有制控制权的法律法规也有效提升了企业的

运营效率。虽然我国国有企业的内外部环境与其他国家有很大区别，不可能照搬其他国家的做法，然而，其他国家对于股权的特殊安排以及“淡马锡模式”，对我国国有企业改革仍然具有重要的参考价值和借鉴意义。

（一）国有股权和非国有股权

混合所有制国有企业的股权结构涉及国有股东和非国有股东，这种结构使双方在企业的治理中可能产生潜在的利益冲突。为了维护公有制的主体地位，我国在推进混合所有制改革时，通常要求国有股东在企业中占据主导地位。这种做法能够确保国有企业在关键领域中的控制权不被削弱，从而保障国家战略利益。然而，单纯的“国有控股”容易导致非国有股东在决策过程中处于劣势，进而影响民营资本参与国有企业混合所有制改革的积极性。

为了解决这一问题，必须对股东的决策机制进行特别设计。通常可以采取三种方式：一是通过双重投票权的设计，赋予非国有股东在特定决策事项上更多的发言权，以确保他们的利益不被忽视；二是设立优先股，使非国有股东在企业利润分配中享有优先权，增强他们的投资信心；三是通过特别约定来对双方的投票权进行调整，使在某些关键领域，非国有股东能够有效参与决策。这些措施的根本目标是确保在维持国有控股地位的同时，非国有股东能够积极参与企业治理和决策，从而激发非国有股东的参与热情。

通过这些机制设计，可以有效缓解国有股东与非国有股东之间的矛盾，降低国有股东对企业的绝对控制可能带来的治理风险。更为重要的是，这能够为非国有资本的进入和持续投资创造有利的环境，进而推动混合所有制企业的高效运营和长远发展。例如，随着混合所有制改革的推进，我国的一些国有企业通过引入战略投资者，利用其在市场运营和管理上的优势，不仅优化了企业的资本结构，还提升了企业整体的运营效率和市场竞争力。

（二）相对独立的董事会

在混合所有制改革中，董事会的独立性是确保企业治理透明和有效的关键。淡马锡模式下，董事会具备高度独立性，其成员独立于政府，主要由具有丰富管理经验的专业人士组成。这一模式为国有企业改革提供了重要参考。在中国的混合所有制国有企业中，确保董事会的相对独立性可以显著提升企业的管理效率和市场竞争力。

首先，相对独立的董事会有助于平衡不同股东的利益。在混合所有制企业中，既有国有股东，也有非国有股东，二者的利益诉求可能存在差异。如果董事会缺乏独立性，很可能导致某一方的利益被忽视，进而影响企业的整体运营。因此，董事会成员的选聘应注重独立性和专业性，确保他们能够代表全体股东的利益，做出客观公正的决策。

其次，相对独立的董事会能够更有效地监督和制衡管理层的行为。通过引入独立董事，董事会可以对管理层的运营决策进行独立的审查和监督，防止内部人控制问题的发生。这种机制不仅有助于提升企业的透明度和治理水平，还能够防止企业资源被少数利益集团操控，从而保护中小股东的权益。

（三）专业化的管理层队伍

专业化的管理层队伍是混合所有制企业成功运营的核心。借鉴淡马锡模式的经验，国有企业在混合所有制改革中，必须强调管理层的专业性和市场导向。这不仅是提升企业运营效率的关键，也是吸引非国有资本参与的重要因素。

首先，专业化的管理层有助于企业在复杂多变的市场环境中做出科学决策。随着市场竞争的加剧，企业面临的风险和挑战不断增加，而专业化的管理层具备丰富的行业经验和管理能力，能够在企业面临战略选择时做出精准判断，规避潜在风险，并抓住市场机会。例如，淡马锡管理团队通过专业化的投资分析和风险控制，即成功实现了资本的保值增值。

其次，专业化的管理层能够促进企业内部运营效率的提升。在混合所有制改革中，国有企业引入了大量的非国有资本，不仅给国有企业带来了资金支持，也带来了先进的管理理念和运营模式。管理层的专业化能够有效吸收和利用这些资源，推动企业的现代化管理进程。例如，在引入市场化管理机制后，企业可以通过优化管理流程、引入绩效考核等措施，大幅提升生产效率和增加员工积极性。

此外，专业化管理层的建设还可以帮助企业吸引和留住优秀的人才。在竞争激烈的市场环境中，人才是企业保持竞争力的重要资源。通过打造专业化的管理团队，企业能够为员工提供明确的职业发展路径和有竞争力的薪酬体系，提升企业的吸引力和凝聚力。例如，企业可以通过建立市场化的薪酬激励机制，吸引了大量行业精英加入，为企业发展注入新的活力。

（四）完善的外部监督体系

完善的外部监督体系是确保混合所有制国有企业健康发展的重要保障。淡马锡模式下，新加坡政府和公众通过多层次的监督体系，能对淡马锡的运营进行有效监督。这一经验为我国国有企业的混合所有制改革提供了重要参考。

首先，外部监督体系能够有效防范内部人控制和腐败问题。在混合所有制改革中，国有企业需要引入大量非国有资本，而非国有资本的进入可能带来利益诉求的多样化和治理结构的复杂化。通过建立健全的外部监督体系，政府可以对企业的运营状况进行有效监督，防止企业高层通过内部信息优势操控企业，进而侵害股东利益。例如，通过独立的审计机构定期审查企业财务报告，企业可以及时发现和纠正潜在的财务风险和不当行为。

其次，外部监督体系可以提升企业治理的透明度和公信力。在现代市场经济中，透明度是企业治理的核心原则之一。通过外部监督，企业的经营信息可以更加透明地向公众和投资者披露，这不仅有助于增强市场对企业的信心，也可以促进企业内部管理的规范化。例如，一些国有企业通过与独立第三方审计机构合作，公开披露企业的财务和运营状况，从而增强市场和公众对企业的信任度。

此外，外部监督体系还可以促进企业的社会责任实践。国有企业肩负着重要的社会责任，涉及环保、就业、公共服务等多个领域。通过完善的外部监督，政府和社会可以对企业的社会责任履行情况进行有效监督，确保企业在追求经济效益的同时，能够积极履行社会责任，促进社会的可持续发展。例如，政府可以通过建立社会责任报告制度，要求企业定期披露其在环保、社会公益等方面的实践情况，接受公众监督。

第四节　混合所有制国有企业控制权的优化配置策略

一、实施差异化混改政策

对已完成股份改制并上市的商业类国企，需进一步推动混改进程，优化法人治理结构并提高国资运营效率。对适宜继续推进混改的国企，需充分发挥市场机制在资源配置中的基础性作用，依据具体情况制定差异化政策，根据实际情况决定控制或参股，逐步推进成熟的混改方案。对不具备混改条件的国企，需坚持“宜独则独”的原则，不强制改革，也不设定固定时间表。政府应建立国企分类管理体系，明确各类国企的具体类型，通过功能定位实施分类管理，并将分类结果应用于治理机制设计和管理体制创新中。例如，对于不同类型的国企高层管理者，应制定不同的业绩考核流程和薪酬激励标准。国企的分类不仅应考虑法律组织形式和资产混合比例，还应涉及其本质属性，如经济功能、行业领域、产业衔接和业务整合等。此外，还需明确不同领域中可实现的国资运营目标和投资方式，例如持股比例、经营范围、投资准入、退出条件、决策程序和价值评估等。

（一）竞争性商业领域

在一般市场竞争领域，国资投资的主要目标是资本盈利，与非公有制资本和民营企业的经营目标一致。因此，国资控制权可以逐步退出。在商业类国企中，政府行政权力应当发挥作用，以平衡内部人控制的影响，同时，非公有资本股东的资源权力应促进经济效率的提升。因此，作为行政和经济权力的重要枢纽，独立董事制度有助于防范股东掏空行为。此外，国企混改还应通过分离所有权和经营权，改变高管的终身制，推动企业的市场化发展；应增强董事会的任命自主权，明确董事会与经理层的职责边界，避免政府过度干预董事会，从而提高决策效率（如经营目标、高管聘任和业务转换等）。基于董事会“人头多数决”机制，依据相关法律对国企治理行为进行必要监督。国资委可以提名独立董事或外部监事，并控制经理层及其他股东代表的董事会比例，以防出现“内部人控制”或私利问题，确保董事会掌控企业战略和监事会经营监督的有效性，保护各类股东的利益。在董事、监事的选拔过程中，应充分考虑其独立性，并在财务合规、专业法务、风险防范和战略导向等领域实现人事多元化配置，通过股东权力制衡，既保证国企混改后的治理效能，又保留对经营权的有效行政监督。

（二）功能性公益领域

在公益类国企中，政府行政权的积极作用尤为重要，能防止治理真空和危害社会利益。公益类国企的战略定位不以营利性为主，在资源配置过程中应注重社会福利。因此，传统的业绩考核和薪酬激励措施并不适用。在控制权配置时，应考虑政府行政权的运用，以明确经营战略和高管任命。应通过国家治理目标规范公益类国企提供社会公共服务。同时，采用高管轮换和政绩晋升等措施，并实施激励与约束机制，以保障公益类国企的有效治理。实际上，公益类国企在一定程度上处于政府与企业之间的治理状态，更符合社会组织的治理特征。未来，其治理模式应趋向于自组织治理，管理层的甄选和任命主要由政府负责，而组织内部事务则倾向于市场机制的配置。

二、强化多元融合

（一）混合股份制

从本质上讲，混合所有制经济涉及不同所有制形式的资本在同一企业中的合资参股。这种经济模式通过资源的融合与互补，旨在实现效率最大化和配置优化，从而推动国企混改的进程。依托多元股权结构和治理机制，混合所有制经济既能增强非公有资本对国资的支持作用，又能提升国资对其他资本的引导和辐射能力。在保持国有经济内生动力的基础上，通过市场竞争和资源优化重组，可不断增强国有经济对国民经济的控制力和抗风险能力。国企混改包括不同所有制资本的交叉持股。在资源融合后，国资能够发挥其规模经济、行业领导和政策优势，而非公资本则提供市场竞争力和科技创新。长期来看，资本的混合应致力于完善法人治理结构、提高国资投资效率、实现非公资本的平等待遇、公平分配经营收益、促进共同繁荣、保持经济中高速增长、提升科技水平、应对国际竞争挑战等目标。国企混改的资本融合形式和治理模式多样，尽管各有侧重，但都涉及国企所有权的深层次变革。理性做法是根据我国社会和经济状况，制定针对性政策，选择能激发企业创新和经济活力的领域推进。根据现有实践，改制上市、股票增发、投资收购和组建平台是主要的方式。然而，在国企层面，要谨慎快速推进所有权结构和控制权配置的变革，而采取逐步、渐进和动态的策略，以确保改革取得实效。

（二）主要方式

1. 公开上市

目前，公开上市仍然是国企混改的重要选项。首先，公开上市是国有资产资本化的有效途径之一。其次，在资本市场的规范管理和信息披露制度下，公开上市有助于完善治理机制和合理配置控制权，提升资源利用效率。最后，随着证券市场和相关法律的完善，通过改制上市或实施定向增发等措施，可以减少制度阻力和舆论压力。然而，如果上市后的国有股东仍保持单一控制，或上市公司只是国企集团的下属二级公司，则混改预期会大打折扣。此外，必须避免虚假包装困境中的国企上市，防止上市圈钱行为，并杜绝欺骗投资者及经营不善的情况，这些行为均违背国企改革的初衷和相应社会责任。

2. 内引外投

“内引外投”策略包括积极引入非公资本，特别是战略投资者参与国企混改，同时通过收购兼并、资产重组或新设企业等方式投资有前景的民营企业。这种双向推进的策略可以改变国企原有股权结构，可以促使国企在治理机制、商业模式和经营管理上进行变革，中国联通的混改就是一个典型案例。然而，实际操作中，需要判断投资者的战略品质、筛选合作伙伴、平衡各治理主体的权责利关系，以及防止恶意收购和撤资等问题。因此，在大规模混改前，应通过试点积累经验并规范制度。成功的混改应建立起有效的治理机制，确保经营权的自主、控制权的匹配和所有权的融合，以激发国企的创新和竞争力。通常，可以通过设立国资投资运营公司，构建多种资源互补的投融资平台，将兼并或新设的企业转为混合所有制，参与国际市场竞争。虽然“内引外投”的制度阻力较小，但仍需避免盲目无效的投资。

3. 员工持股

作为一种股权激励政策，适当运用员工持股计划可以促进员工与股东、相关利益团体之间的利益一致。作为国企混改的一种试点形式，员工持股有助于实现股权多元化，优化治理和经济管理。2016年，国资委发布的《关于国有控股混合所有制企业开展员工持股试点的意见》对员工持股提出了更严格的要求。例如，试点范围限于竞争性领域的国有控股或参股的混合所有制企业，实施增量引入、利益绑定等原则，大多数员工需用自有资金购买股份，少数科技人员可通过技术专利入股。该政策的核心思想是防止违规股权交易、保护国有资产和股东的控制权。虽然员工持股初期效果可能不明显，并可能受到“内部人控制”问题的影响，但在中国国情下，员工持股具有可操作性，有助于缓解国有股东“一股独大”的负面影响。执行员工持股计划时，应进一步优化营商环境、细化操作流程、设计退出机制，以激发员工的创新潜力。

（三）特殊设计

在某些特殊行业，国企混改可采用国家特殊管理股制度。与西方国家的金股制度和双层股权结构不同，国家特殊管理股将控制权集中在少数股权上，是协调政企关系的制度工具。这种制度保留了国家的所有权和收益权，通过降低股权数量及其排他性，激活市场机制，协调市场竞争与政府管控，避免了西方国家的过度干预和双层股权结构带来的不平等权利问题。国家特殊管理股制度有助于政府从管企业转向管资本，由国资投资运营公司代表国家行使所有权职能，符合资本市场规则，促进各类资本股东平等参与治理决策。

在涉及意识形态和国家安全的关键领域，国家特殊管理股的权利行使主体必须是政府或其授权的国资委及其他部门。由于我国国企规模庞大且分布广泛，国家特殊管理股制度的实施也应区别对待。西方国家的金股制度通常集中在公共事业、传媒、互联网等轻资产领域，而我国的试点工作也主要集中在具有市场竞争和意识形态双重性的国有传媒企业。这些领域直接关系到国家安全、精神生活和人民利益，因此，其改制方向必须由国家重点把控和严格监督。在通信传媒业和互联网服务业，国家特殊管理股制度可以有效地进行国家干预，以防恶意收购和操控，确保对社会舆论方向的控制。

三、完善治理顶层设计

（一）完善股权治理体制

股权结构与控制权的合理配置是国有企业混合所有制改革的核心要素。对于竞争性行业，推进混合所有制改革的主要目的是优化股权结构，以应对国有股权过于集中、市场化运作不健全、难以取得竞争优势等问题。多种所有制资本的交叉融合，能够优势互补。混合所有制改革不仅可以提升社会资源的配置效率，还能从简单粗放的合作模式转向注重质量和发展内涵的集约式合作模式，真正将计划经济体制转化为市场竞争机制。为防止“一股独大”和股份分散导致的控制权争夺，还需要构建科学的治理体制，合理配置各类股东的控制权。

在改革中，需要确保各类股东的平等地位，特别是在决策过程中，应公平对待股东的发言权和投票权。不同资本代表不同的资源诉求，这种多元化的资本结构通过合理的安排能够形成相互促进与制衡的机制。根据现代公司治理理论，混合所有制企业普遍采用“三会一层”治理结构，即股东大会负责决策、董事会代表股东行使权力、监事会进行监督，经理层负责执行。除少数需要保持国资绝对控股的特殊国企外，其他企业的国有股比例应根据实际情况动态调整，从而在保持国有股占主导地位的同时，避免“内部人控制”问题的出现。通过优化股权结构、强化治理监督，可以实现国有股东与非国有股东的利益共享与风险共担，促进企业的积极发展。

国有资本在混改中可以采用相对控股或参股模式，即允许非公资本的持股比例超过1/3，促使引入的战略投资者能够真正履行股东职责。通过优化股权结构、完善治理、强化监督等措施，国有企业混改可以显著激发企业活力，推动企业实现高质量发展。

（二）配置董事会的权力

在国有企业混合所有制改革后，董事会的多样性与权力配置成为关键。董事会的多元化配置，即通过引入具备不同知识、经验和专长的董事成员，以有效提升治理决策的广度和深度。多样化的董事会不仅可以带来更丰富的信息渠道和多视角的分析，还能促使董事会成员思维的快速转变与创新。政府和股东在配置董事会权力时，应注重如何充分发挥混改后董事会的多样性优势，增强董事会的动力性和专业性，并保持权力配置的平衡。

然而，多元化也可能导致战略目标偏好的分散，增加决策的不确定性。因此，在选择董事会成员时，国资委应当重视候选人的专业背景、教育经历、性别年龄等多方面因素，以提高董事会的专业水平和决策效率。同时，通过集中控制权力，引导董事会明确目标，避免在群体决策中出现拉帮结派或推诿甩责等问题。此外，国有企业还应关注“连锁兼任”现象，即董事或高管在多家企业中兼任职务所带来的治理复杂性。尽管这种现象可以促进知识扩散和资源引入，但也可能导致治理权力的泛化和小团体的形成，增加权力制衡的难度。

在独立董事的甄选过程中，应选择真正独立的专业人士担任，以加强治理的监督效率。通过合理配置董事会的权力，国有企业可以有效防范“内部人控制”问题，确保各类股东的权益得到充分保障。

（三）支持非公资本权益

国有企业混合所有制改革的关键在于引入非公资本，并通过多种金融平台和工具，如证券买卖、产权交易等，鼓励非公资本以市场化价格参与国企改制、资产组合或增资扩股等改革措施。在竞争性领域的国企混改中，应依据市场机制和公正、公开原则，自发配置控制权，以推动现代治理结构的有效运行。优化营商环境并提高改革后企业的活力和效率是改革的主要目标之一。通过政府和社会资本的合作，国企与民企可以共同参与基础设施建设项目和公用事业运营，并逐步开放民企的股权投资空间，解除国企融资比例的限制。

非公资本可以通过货币、设备、知识产权或土地使用权等多种方式参与国企，国企也应为非公资本的退出提供便利，如产权转让的管理办法和监督规范。此外，国有资本也应积极参与非国有企业的股权投资，通过合资、并购等方式，进一步增强混合所有制经济的协同优势，实现资源整合与投资合作。

四、健全外部监管体系

在改革过程中，应坚持社会主义市场经济的改革方向，建立适应现代公司治理股东制衡机制。通过平等协商与市场化交易，保障国有资本和非公资本的权益，同时促进国有经济的主导作用与非公资本的积极参与，为国企混合所有制改革奠定坚实的基础。

（一）风险监控

混合所有制国有企业应构建覆盖其所有下属单位的财务审计、纪检监察、巡视法务等部门，确保内外监督的联动与协作，以提高互联网信息化工作的效果。此举可实现各部门的全面覆盖与协同运作，防止漏洞重复。由于内部审计可能受到管理层操控而影响其独立性和有效性，因此需要建立审计部门直接向董事会负责的机制，增强董事会对管理层执行决策情况的监督。同时，董事会应设立由外部董事组成的审计委员会，并依法批准年度审计计划和重要审计报告，以提升董事会运用审计规范进行运营和风险管控的能力。此外，监事会还应加强对财务的检查及对高管渎职行为的监督和纠正，从“财务预算与内部审计”入手，强化财务风险管理制度。一方面，应限制企业财务杠杆和债务融资规模，控制资产负债率，形成合理的财务结构；另一方面，应对不同行业的国企设定资产负债率预警线和重点财务审计监管区域，强化对经营者的绩效考核，限制国企过度融资。此外，应建立统一开放、规范高效的资源交易市场，严格执行产权交易的准入和退出制度，强化产权监管。

（二）权力监督

完善权力监督制度，即通过强化国资监管制度，特别是国企内部法规的建设，来规范企业人员的行为和强化管理层的控制权。应提高治理制度的刚性和透明度，避免人为因素的干扰和暗箱操作，增强治理制度的执行力，确保治理结构的有效性和内部监督的及时性。同时，通过分事行权、分岗设权、分级授权和动态轮岗等措施，强化内部治理制衡，防止控制权的滥用。此外，还应完善信息披露制度，设立统一的信息开放平台，及时、合规、准确地公开国资整体运营状况、部分国企的治理控制结构，以及经营财务、关联交易和高管薪酬等信息，增强国企运营的透明度。与建立容错机制不同，国企应健全重大决策失误、失职渎职和滥用权力的追责倒查制度，完善重大决策评估、重要事项记录和过错认定标准等配套制度，对侵吞贪污、以权谋私、公款挥霍、逃避债务和私开账户等违规、违法行为进行严厉查处。也要建立企业国有资产监督问责机制，对重大违法违纪问题处理不力的监管人员，严格追究其失职渎职责任。

（三）健全治理结构

当前，国企混合所有制改革的许多实践案例，往往仅集中在股权结构的多元化上，却忽视了其最终目的，即进一步完善治理结构和控制权配置机制。国企混改的目标在于提升企业经营绩效、国资运营效率，并促进国有经济的发展，以最大限度地让国企保值增值，更有效地完成各类使命。实现这一目标的直接决定性因素是混改后企业治理结构的完善。根据国务院办公厅发布的《关于进一步完善国有企业法人治理结构的指导意见》，应具体化、制度化股东会、董事会、经理层、监事会和党组织的控制权责关系，构建高效的治理运行机制，以保障商业类国企的市场主体地位和公益类国企的政府指导作用。同时，要将加强党的领导与完善公司治理相结合。国企混改的成功不仅体现在是否引入非公资本上，还需建立有效的治理机制，以防止频繁的控制权争夺问题，包括落实内部监事会对董事、经理及其他高管的监督，发挥法律顾问对经营合规的法务审核作用，依法履行对子公司的管控职责，职工代表大会进行厂务民主决策与管理监督等。

（四）管理理念更新

政府对国企的干预是必要的，但并不一定有效。事实上政府行政干预的无效现象也相当普遍。政府调控行为必须以市场机制为基础，避免干扰市场竞争。政府的作用应更多体现在服务于国企的经营改制，弥补市场失灵和机制缺陷上，而非完全取代市场配置资源或造成市场混乱。一方面，政府在提供公共服务、调控资源供求、消除行业垄断、实现社会公平和完善营商环境方面应发挥更大作用；另一方面，要避免政府过度干预，干预的范围和力度应恰当，操作形式应符合规律，从而保证市场正常运行。因此，在国企混改后的控制权配置中，政府职能的发挥必须谨慎。在政府主管的领域中，应适当引入市场竞争机制，同时保障社会基本福利，并依法限制政府权力。

本章小结

本章探讨了在混合所有制改革背景下，国有企业控制权配置的问题。国有企业的混改旨在建立现代企业制度，提高市场竞争力，但也需维护公有制经济的主导地位。合理配置非国有股份比例及控制权，是改革成功的关键。针对不同股东的需求与利益冲突，本章还探讨了特殊股权结构的安排，如金股制度和双层股权结构，强调了在中国国情下制度创新的重要性。同时，也借鉴了其他国家的一些先进经验和成功模式。

第五章　混合所有制国有企业股东的博弈分析

国有企业作为国家经济的重要支柱，在改革过程中引入非国有资本是提升其市场竞争力和运营效率的重要手段。引入非国有资本后，国有企业面临诸多挑战。首先，非国有资本可能更关注短期经济回报，而国有企业则需平衡经济效益与社会责任。这种目标上的差异可能导致运营中出现利益冲突。其次，国有企业的战略性作用和对国有资产的保护也是改革中必须考量的重要因素，如何在引入非国有资本的同时保护国家战略利益，防止国有资产流失，是国有企业混合所有制改革成功的关键。此外，文化和管理理念的差异也可能导致管理中出现冲突，影响企业的整体运营和决策效率。

本章将通过对博弈模型的分析，探讨非国有股东与国有股东之间的博弈关系，分析在不同资本结构下的利益博弈，及其对企业治理和战略决策的影响。同时，还将探讨政府在改革中的角色，以及如何通过有效的机制设计来应对股东掏空行为，确保改革的顺利推进和混合所有制国有企业的长期健康发展。

第一节 非国有资本的参与博弈

一、非国有企业参与国有企业混改面临的核心问题

国有企业作为国家经济发展的重要支柱，在运营和发展中承担着独特的经济和社会责任。与一般企业相比，国有企业不仅需要追求经济效益，更需在保障就业、促进社会稳定和实现国家战略目标方面发挥重要作用。因此，在国有企业的混合所有制改革中，引入非国有资本成为一种趋势，但这一过程也面临诸多挑战和困难。

（一）国有企业肩负着保障民生、稳定就业的重要社会责任

非国有资本进入国企后，可能会更加关注企业的经济效益，特别是在短期内的投资回报。这种效益导向的投资策略，可能与国有企业追求长期的社会效益目标产生冲突。例如，国有企业通常在经济不景气时期仍需维持一定的就业水平，避免大规模裁员，以维护社会稳定。但非国有资本可能会更倾向于进行成本控制，削减冗余员工以提升利润，可能影响社会稳定。因此，如何平衡经济效益与社会责任，成为非国有资本入股国有企业后首先需要解决的问题。

（二）国有企业在国家经济中发挥着战略性作用

引入非国有资本可能引发国有资产流失的情况出现。部分国企涉及国家安全和国计民生，例如能源、交通、通信等，混合所有制改革即可能导致这些企业的经营控制权部分转移至非国有资本手中，从而对国家安全和战略利益产生影响。为防止国有资产流失和保护国家战略利益，改革过程中需谨慎选择引入资本的类型和比例，同时建立有效的监管机制，确保国有企业的战略控制权不受侵害。

（三）文化和管理理念的差异是国企混改中的一大障碍

国有企业通常具有较为稳定的组织结构和经营模式，而非国有资本更倾向于灵活的市场化运营策略。这种差异可能导致管理层之间出现矛盾，影响企业的决策效率。例如，国有企业往往注重长远发展和社会效益，决策流程相对复杂和冗长，而非国有资本则更倾向于快速响应市场变化，追求短期效益。在混合所有制背景下，如何融合不同的文化和管理理念，实现企业的协同发展，是亟待解决的关键问题。

（四）国有企业的混改还面临着廉政风险

作为国有资产的管理者，政府在国企改革中占据主导地位。在混

合所有制改革过程中，如何确保改革的公开透明，防止因利益冲突引发腐败问题，也是一项重要挑战。政府需在改革过程中加强监督，防止非国有资本与国有资产管理者之间出现利益输送、权力寻租等不正当行为，从而维护国有企业的公信力和国有资产的安全。

总的来说，国有企业在混合所有制改革中引入非国有资本既是提升企业竞争力和效率的重要途径，也是实现国企改革的一项关键措施。然而，这一过程需谨慎推进，应充分考虑经济效益与社会责任的平衡，国家战略利益的保护，文化管理差异的融合，以及廉政风险等，确保国有企业在实现混改目标的同时，依然能够承担起促进社会稳定和经济发展的责任。

二、非国有企业参与国有企业混改的博弈模型

从非国有企业参与国有企业混合所有制改革的角度，可以建立一个简化的博弈模型（见图 5－1）。假设国有企业有两种决策，分别是（混改，不混改）；非国有资本也有两个决策，分别是（参与，不参与）。就国有企业的选择来看，并非所有的企业都适合混改，国家层面也对不同类别的国有企业的改革出台了不同的政策。2015 年中共中央、国务院发布《关于深化国有企业改革的指导意见》，提出“将国有企业分为商业类和公益类，并实行分类改革、分类发展、分类监管、分类定责、分类考核，推动国有企业同市场经济深入融合，促进国有企业经济效益和社会效益有机统一”。当前，国有企业的混合所有制改革主要集中在商业类国企。商业类国企又分为商业一类和商业二类。商业一类国企通常是在竞争性领域经营的企业，通过引入多元资本和市场机制，提升企业的竞争力和经营效率是改革的主要目标。

假设非国有资本参与国有企业混改时，国有资本的收益是 U_0，非国有资本的收益是 V_0；非国有资本不参与时，国有资本的收益是

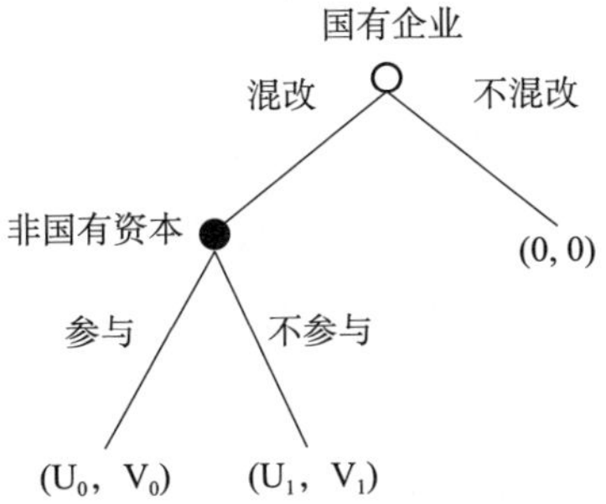

图 5－1　非国有资本参与国有企业混改的博弈

U_1，非国有资本的收益是 V_1。根据博弈理论，非国有资本是否参与国有企业的混合所有制改革，主要取决于收益，即当 $V_0 > V_1$时，才会有参与意愿。而当 $V_0 < V_1$时，非国有资本不会参与。

事实上，非国有企业是否会参与国有企业的混改，需要考虑的因素和问题众多，如国有企业承担社会责任，势必影响经济收益；国有股占优的情形下，非国有资本缺少话语权和决策权；政府对国有企业过多的行政干预有可能影响国有企业的发展；国有企业大股东可能会实施“掏空”行为，损害其他股东的利益等。利用博弈理论，能够分析以上问题，并提出相应的改进措施。

三、国有资本与非国有资本的博弈

在混合所有制企业中，国有资本与非国有资本之间的博弈在企业运营的各个方面都是不可避免的。这种博弈关系决定了企业的治理结构、战略决策、运营模式以及利益分配等多方面的内容。目前，双方博弈的核心基础是各自的股权比例，这一比例直接影响着双方在企业治理中的话语权和影响力。在当前的国有企业混合所有制改革实践中，国有企业往往占据控股地位，国有股东则主导了企业的重要决策。这种情况下，非国有股东相对处于劣势，尤其是在企业的重大决策中，其影响力和话语权明显不足。这也导致许多民间资本在考虑投资国有企业时表现出谨慎态度，担心难以在企业中获得相应权益。

在国有资本控股的格局下，虽然非国有资本可通过参股的方式参与到国有企业，但在实际运营过程中，许多参股的非国有企业仍选择不参与企业决策。这一现象的背后有着深层的原因。首先，由于非国有资本在国企中的持股比例通常较低，其在决策中缺乏足够的话语权，无法有效参与。因此，许多非国有股东选择放弃表决权，从而在一定程度上避免了与国有股东的直接冲突。对于这些非国有股东而言，由于他们的决策参与度不高，其收益在参与表决的收益（V_1）与不参与表决的收益（V_0）之间差异并不显著。其次，国有企业的管理体系相对健全且较为规范，受到各级国资委和政府相关管理部门的严格监督，运营风险相对较低。因此，非国有资本即便不参与企业的日常决策，也能享有相对稳定的收益，这在一定程度上减弱了他们参与决策的动力。

然而，当国有资本不处于控股地位时，情况则有所不同。在这种情况下，非国有股东的决策参与度和积极性会显著提高。由于国有资本不占据主导地位，企业的主管部门对企业的管控通常会更加宽松，政府对企业决策的干预相对减少。此时，非国有股东在企业中的决策权和影响力会显著增强，能够在企业的战略规划、资源配置、市场开拓等方面发挥更为积极的作用，企业的影响力随之提升。他们不仅能在企业的运营中发挥更大作用，还能在企业的发展方向和经营策略上施加更大影响。因此，在这种情况下，非国有资本的投资意愿和参与度都会显著上升，从而在企业的经营管理中发挥更为重要的作用。这种博弈格局的变化也表明，混合所有制改革的深入推进需要在股权结构、治理机制、利益分配等方面进行更加科学合理的设计，以确保各方资本在企业发展中都能够发挥其应有的作用和价值，以实现国有企业利益的最大化（见图 5－2）。

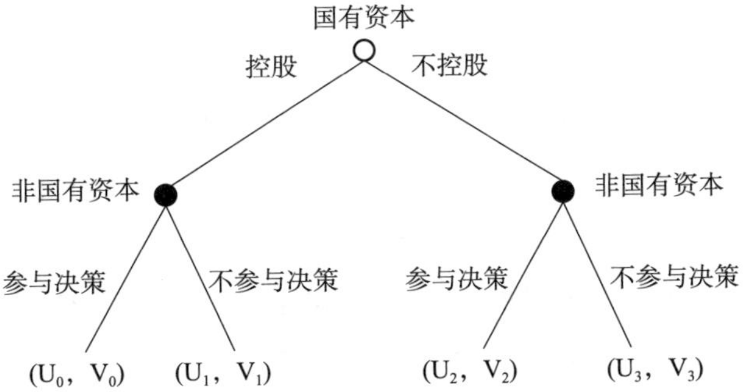

图 5-2　国有资本与非国有资本的博弈

四、政府的行政干预

近年来，国有企业改革尤其是在混合所有制改革的推动下，政府部门，特别是各级国资管理部门，对国有企业的直接干预逐步减少。尽管如此，国有企业仍然不可避免地受到各级政府部门的监督和管理，甚至有时还会受到一些部门的直接干预。

为了更好地分析国有企业在不同决策环境下的表现，可以将政府的行为简化为两种决策模式：干预和不干预。同时，可以将国有企业的决策分为混合所有制改革（简称混改）和不进行混改两种。在这种假设下，若企业选择混改，并且政府实施干预时，企业的收益为 U_0；若政府不干预，企业收益则为 U_1。相反，如果企业选择不进行混改，当政府进行干预时，企业收益为 U_2；若政府不干预，企业收益为 U_3。

在实际操作中，国有企业选择不混改，即国资继续保持100%控股，政府部门往往更容易对企业进行干预。常见的干预形式包括要求企业承担过多的社会责任，如承担更多的就业任务、提供公益性服务等。虽然在某种程度上企业履行了社会义务，但却可能对正常运营产生负面影响，削弱企业的市场竞争力，并最终降低企业的盈利能力。因此，在许多情况下，国有企业在不混改时，收益 U_2 往往高于不干

预时的收益 U_3，即 $U_2 > U_3$。因为在行政干预下，企业有时不得不履行额外的社会责任，从而影响自身的经济效益。

然而，必须认识到，国有企业的管理体制是经过长期发展形成的，要完全脱离政府部门的监督和管理而独立运作并不现实。政府对国有企业的某种程度上的干预，仍然在维护社会稳定、实现国家战略目标等方面具有不可替代的作用。但这也正是国有企业改革的难点和重点所在，即如何在进行必要的监督、指导的同时，还能减少不必要的行政干预，增强企业的市场化运营能力。

混合所有制改革正是在这一背景下应运而生的。国有企业通过引入非国有资本，实施混合所有制改革，能够促进国有企业建立现代企业管理制度，实现所有权与经营权的分离。这不仅能提高企业的运营效率，还能通过股东的多元化，增强企业决策的独立性和科学性，从而减少政府的直接干预。同时，混改还可以帮助国有企业合理分配社会责任，避免过度承担社会责任对企业发展的掣肘。

因此，成功的混改可以体现为企业在政府不干预的情况下收益 U_1 高于政府干预时的收益 U_0，即 $U_1 > U_0$。这意味着，通过混改，国有企业不仅能更好地适应市场竞争，提升盈利能力，还能在减少政府不必要干预的同时，更加有效地履行社会责任。这不仅有助于国有企业自身的发展壮大，也能为我国深化国有企业改革提供重要的经验路径（见图 5－3）。

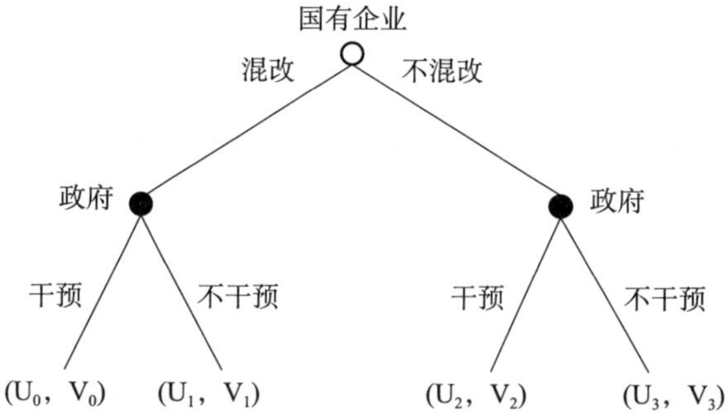

图 5－3　政府干预国有企业的博弈分析

第二节　股东掏空行为的博弈分析

股东掏空行为，也称为“掏空行为”或“内部人控制”，是指企业的大股东或实际控制人为了自身利益，在掌握企业内部控制权的基础上，通过各种手段将企业资源或利益转移到其自身或关联企业的行为。这种行为通常表现为不公平交易、资产转移、过度分红、虚假交易等形式，最终使中小股东、债权人或企业本身利益受到损害。

在国有企业中，股东掏空行为虽然相对少见，但并非不存在，特别是在混合所有制改革的背景下，这一问题更加值得关注。在混改过程中，国有企业的治理结构可能发生变化，内部控制权发生转移，非国有资本的大股东即可能利用其控制权进行掏空行为，将企业资源转移至个人账户或自身控制的其他企业账户中。这种行为不仅损害了国有企业的利益，也侵害了国家和其他股东的权益。

混合所有制改革的目标之一是通过引入市场化机制和多元化资本，提升国有企业的运营效率和市场竞争力。如果在改革过程中，未能有效构建健全的公司治理机制，就可能导致大股东利用混改的机会实施掏空行为，影响企业的健康发展。这一风险要求在混改过程中，必须加强企业的内部治理，完善董事会和监事会的职能，确保决策的科学性和透明度。此外，还应建立有效的外部监管机制，加强信息披露，确保中小股东的权益得到保护，防止内部人利用信息优势或控制权进行利益输送。

因此，股东掏空行为与国有企业混合所有制改革密切相关，是混改过程中必须防范的重要风险之一。只有建立完善的公司治理结构和监管机制的基础，才能确保混改后的国有企业能够真正提升运营效率、增强市场竞争力，同时维护各方股东的合法权益。下文我们根据国有股在混合所有制国有企业中的股权占比不同，可以将混合所有制企业分为国有股独大型、国有股和非国有股均衡型和非国有股独大型三类。同时，基于博弈理论，分析不同类型的混合所有制国有企业国有股东和非国有股东之间的博弈，并提出相应的机制设计。

一、国有股独大型

当混合所有制企业中的国有股占据绝对优势时，中小股东就很难对国有大股东的决策和运营行为进行监督和控制。此时，国有股东就有可能利用自身在公司中的控股地位，采取直接占用企业资金、关联交易、违规担保、高溢价对外投资并购、借道理财投资、过度分红等多种手段，侵占中小股东的利益。因此，如何设计企业决策和分配机制，监督并减少大股东的侵占行为，是混合所有制企业需要解决的重要问题。

（一）国有股独大的博弈模型

我们假设公司有两个投资者，分别是国有股 A 和私有股 B，且国有股的股权比例 P_1 大于私有股的股权比例 P_2，$0 < P_2 < P_1 < 1$。企业总收益为 R，则国有股收益 $R_1 = \frac{P_1 R}{P_1 + P_2}$，私有股的收益 $R_1 = \frac{P_2 R}{P_1 + P_2}$。在决策中，股东采取掏空行为时，其掏空行为的收益和成本均受到股权比例的影响，假设与股权比例成正比，即股东掏空行为的收益可以表示为 $r_i = M_i \frac{P_i}{P_j}$，$i$，$j = 1$，$2$，$i \neq j$，$M_i$ 为收益系数。掏空行为的成本分别为 $C_i = N_i \frac{P_j}{P_i}$，$i$，$j = 1$，$2$，$i \neq j$，$N_i$ 为成本系数。而中小股东因为股权比例处于劣势，难以成功采取掏空行为，只会增加自身的成本。因此，在博弈中，双方的支付矩阵如表 5－1 所示。

表 5－1　　国有股独大型的支付矩阵

		国有股 A	
		无掏空行为	有掏空行为
私有股 B	无掏空行为	$\frac{P_1R}{P_1+P_2}$，$\frac{P_2R}{P_1+P_2}$	$\frac{P_1R}{P_1+P_2}+M_1\frac{P_1}{P_2}-N_1\frac{P_2}{P_1}$，$\frac{P_2R}{P_1+P_2}-M_1\frac{P_1}{P_2}$
	有掏空行为	$\frac{P_1R}{P_1+P_2}$，$\frac{P_2R}{P_1+P_2}-N_2\frac{P_1}{P_2}$	$\frac{P_1R}{P_1+P_2}+M_1\frac{P_1}{P_2}-N_1\frac{P_2}{P_1}$，$\frac{P_2R}{P_1+P_2}-M_1\frac{P_1}{P_2}-N_2\frac{P_1}{P_2}$

（二）模型分析

根据博弈论的相关理论，该模型的均衡为（无掏空行为，无掏空行为）或（有掏空行为，无掏空行为）。也就是说，由于非国有股东所处的劣势地位导致其掏空行为没有收益，所以非国有股东不会采取掏空行为。而国有股东可以利用其优势地位，选择采取掏空行为。

在这种博弈中，国有股东的策略选择受到其所能获得的收益驱动。如果掏空行为能够带来明显的经济回报，国有股东将会倾向于实施掏空行为，这使无掏空行为的选择变得不具吸引力，从而形成了掏空行为成为均衡策略的结果。也就是说，在没有外部约束或机制调整的情况下，国有股东的经济利益使其有动力去实施掏空行为。

$$M_1\frac{P_1}{P_2}-N_1\frac{P_2}{P_1}\leqslant 0 \tag{5－1}$$

要改变这一不利的博弈均衡状态，关键在于减少或消除国有股东从掏空行为中获得的净收益，努力让掏空行为的收益为零甚至是负值。换言之，必须使掏空行为对国有股东而言变得不再有利可图，甚至可能带来负面后果。为实现这一目标，可以从以下三个方面入手。

1. 降低掏空行为的收益系数

在博弈的均衡中，国有股东选择掏空行为的动机主要来自该行为能够带来的经济收益。因此，如果能够降低掏空行为的收益系数，即减少掏空行为所能带来的额外利益，那么国有股东实施掏空行为的动力就会减弱。根据博弈理论可知，掏空行为的收益减少后，国有股东将更倾向于选择不掏空的策略，可以促使博弈均衡向对非国有股东更为有利的方向转变。

2. 提升掏空行为的成本

掏空行为的决策不仅取决于其收益，还受到实施该行为所需承担的成本的影响。如果掏空行为的成本显著增加，那么国有股东在进行成本收益分析时，会发现掏空行为的收益不足以覆盖成本，从而削弱其实施掏空行为的意愿。随着掏空行为成本的提高，掏空行为的吸引力必将下降，当掏空行为的成本超过产出时，均衡策略就会发生改变，促使国有股东选择更为规范的策略。

3. 减少国有股东的相对优势地位

国有股东在混合所有制企业中占据主导地位，其控制力的强弱直接影响其行为。如果能够通过某种方式减少国有股东的相对优势地位，那么国有股东的行为将受到更多制约。这意味着原有的均衡可能被打破，因为国有股东在失去绝对控制权后，行为选择将更加谨慎，从而可减少掏空行为的发生。因此，降低国有股东的相对优势地位可以使博弈的参与方更加平等，从而有助于形成新的均衡状态，减少非国有股东利益被侵害的可能性。

综上所述，改变国有股东在混合所有制企业中选择掏空行为的博弈均衡，可以通过降低掏空行为的收益、提高其成本，以及减少国有股东的相对优势地位这三种途径来实现。这三种途径从不同角度入手，均能在理论上削弱国有股东实施掏空行为的动力，从而保护非国有股东的利益，推动企业更健康地发展。

二、国有股和非国有股制衡型

另外一种情形是国有股并未占据绝对优势，这种情况下国有股在企业运营中就会受到私有股的牵制。其直接后果就是，如果国有股采取掏空行为，私有股就有可能对这种行为加以阻止，进而给大股东的掏空行为带来困难，即大大提高了大股东掏空行为的成本。同时，由于私有股在运营中有一定的决策权，其也有可能采取掏空行为，只不过在私有股与国有股相比存在劣势的情况下，中小股东的掏空行为成功的概率更低，或者可以表述为，成本更高。

（一）国有股与非国有股制衡的博弈模型

在国有股与非国有股处于制衡状态的情况下，无论是国有股还是非国有股采取掏空行为，都有可能获得收益。也就是说，双方都有可能采取掏空行为。此时，双方的支付矩阵如表 5 – 2 所示。

表 5 – 2　　　国有股与非国有股制衡型的支付矩阵

		国有股 A	
		无掏空行为	有掏空行为
私有股 B	无掏空行为	$\frac{P_1R}{P_1+P_2}$，$\frac{P_2R}{P_1+P_2}$	$\frac{P_1R}{P_1+P_2}+M_1\frac{P_1}{P_2}-N_1\frac{P_2}{P_1}$，$\frac{P_2R}{P_1+P_2}-M_1\frac{P_1}{P_2}$
	有掏空行为	$\frac{P_1R}{P_1+P_2}-M_2\frac{P_2}{P_1}$，$\frac{P_2R}{P_1+P_2}+M_2\frac{P_2}{P_1}-N_2\frac{P_1}{P_2}$	$\frac{P_1R}{P_1+P_2}+M_1\frac{P_1}{P_2}-N_1\frac{P_2}{P_1}-M_2\frac{P_2}{P_1}$，$\frac{P_2R}{P_1+P_2}+M_2\frac{P_2}{P_1}-N_2\frac{P_1}{P_2}-M_1\frac{P_1}{P_2}$

（二）模型分析

根据博弈理论，很容易判断出，当国有股和非国有股处于制衡状态时，国有股东和非国有股东都有可能实施掏空行为。因此，该模型的均衡为（无掏空行为，无掏空行为）或（有掏空行为，有掏空行为），具体是哪一种取决于掏空行为是否可获得收益。也就是说，如果掏空行为可以获得额外收益，则该模型的均衡为（有掏空行为，有掏空行为）；如果掏空行为无法获得收益，则该模型的均衡为（无掏空行为，无掏空行为）或（有掏空行为，有掏空行为）。这是因为虽然掏空行为无法获得额外收益，但当一方采取掏空行为时，势必给另一方带来更大的损失。此时另一方的最优策略是同样采取掏空行为，以遏制另一方的掏空行为，并减少自身损失。当然，在国有股东和非国有股东都理性的情况下，双方的最优选择是（无掏空行为，无掏空行为）。

根据博弈的支付矩阵，从减少掏空行为，有利于企业运营的角度来看，依然可以从三个方向着手：一是提高双方掏空行为的成本系数 M_i，（$i=1$，2）；二是减少掏空行为的产出系数 N_i，（$i=1$，2）；三是使国有股份与非国有股份的比例更加均衡。

三、非国有股独大型

还有一种情形是私有股占据绝对优势，国有股占公司的股份很少，基本无法左右公司的决策。在这种情况下，与国有股独大型的情形相反，此时国有股无法采取掏空行为，而私有股却有可能采取掏空行为。同时，由于国有股份占公司总股份的比例较低，加上国有企业自身的所有权归属于国家，国有企业的管理人员对于监督私有股掏空行为的积极性很低。因此，当企业中私有股份占据绝对优势，私有股有采取掏空行为的动机。与国有股一股独大型企业相比，私有股的掏空行为成本更低，或者说，遇到的阻力更小。

（一）非国有股独大型的博弈模型

在非国有股独大型的混合所有制企业中，非国有股处于优势地位，可以利用自身的优势地位实施掏空行为并获得收益。而国有股股东因为股权比例处于劣势，采取掏空行为难以成功，只会增加自身的成本。因此，双方的支付矩阵如表 5－3 所示。

表 5－3　　非国有股独大型的支付矩阵

		国有股 A	
		无掏空行为	有掏空行为
私有股 B	无掏空行为	$\frac{P_1R}{P_1+P_2}$, $\frac{P_2R}{P_1+P_2}$	$\frac{P_1R}{P_1+P_2}-N_1\frac{P_2}{P_1}$, $\frac{P_2R}{P_1+P_2}$
	有掏空行为	$\frac{P_1R}{P_1+P_2}-M_2\frac{P_2}{P_1}$, $\frac{P_2R}{P_1+P_2}+M_2\frac{P_2}{P_1}-N_2\frac{P_1}{P_2}$	$\frac{P_1R}{P_1+P_2}-M_2\frac{P_2}{P_1}-N_1\frac{P_2}{P_1}$, $\frac{P_2R}{P_1+P_2}+M_2\frac{P_2}{P_1}-N_2\frac{P_1}{P_2}$

（二）模型分析

根据博弈论的相关理论，该模型的均衡为（无掏空行为，无掏空行为）或（无掏空行为，有掏空行为）。也就是说，由于国有股东所处的劣势地位导致其掏空行为没有收益，所以国有股东不会采取掏空行为。而非国有股东可以利用其优势地位，选择采取掏空行为。

在这种博弈中，非国有股东的策略选择受其所能获得的收益驱动。如果掏空行为能够带来明显的经济回报，非国有股东将会倾向于实施掏空行为。也就是说，在没有外部约束或机制调整的情况下，非国有股东的经济利益使其有动力去实施掏空行为，这种行为不仅影响企业的整体利益，也会严重侵害国有股东的合法权益。

$$M_2\frac{P_2}{P_1}-N_2\frac{P_1}{P_2}\leqslant 0 \tag{5－2}$$

要改变这一不利的博弈均衡状态，关键在于减少或消除非国有股东从掏空行为中获得的净收益，努力让掏空行为的收益为零甚至是负值。换言之，必须使掏空行为对非国有股东而言变得不再有利可图，甚至可能带来负面后果。为实现这一目标，可以从以下三个方面入手。

1. 降低掏空行为的收益系数

在博弈模型中，非国有股东选择掏空行为主要是因为其能够带来经济收益。通过降低掏空行为的收益系数，即减少掏空行为带来的额外利益，可以削弱非国有股东实施掏空行为的动机。收益减少后，非国有股东更可能选择不掏空的策略，这有助于将博弈均衡向有利于国有股东的方向转变。

2. 提升掏空行为的成本

掏空行为的决策不仅受收益影响，也受实施成本的制约。如果掏空行为的成本显著增加，非国有股东会发现收益难以覆盖成本，从而降低实施掏空行为的意愿，打破原有的不利均衡状态。

3. 减少非国有股东的相对优势地位

非国有股东在混合所有制企业中的主导地位直接影响其行为选择。通过减少非国有股东的相对优势地位，可以使其行为受到更多制约，使其行为选择将变得更加谨慎，从而减少掏空行为的发生。

第三节　混合所有制企业的治理机制

为了有效减少国有股东在混合所有制企业中的掏空行为，可以通过降低掏空收益、提高掏空成本以及削弱国有股东相对优势地位三种途径，设计一系列经济激励和约束机制，这些机制旨在通过优化企业内部治理结构，促进更公平和透明的股东利益分配。

一、限制关联交易

关联交易是国有股东掏空企业利益的常见手段。为此，可以采取以下措施：要求所有重大关联交易需经过董事会审查，并获得独立董事的批准，确保交易的公允性和必要性；规定关联交易的所有细节必须公开披露，包括交易方、交易价格、合同条款等，以便所有股东进行监督；由独立审计机构定期对关联交易进行合规性审查，发现不合理之处时，及时纠正并向监管部门报告。

二、完善公司治理结构

完善公司治理结构有助于提高掏空行为的实施难度，降低其可操作性。具体措施包括：扩大独立董事在董事会中的比例，确保独立董事在公司治理中的独立性和话语权，并对国有股东的行为进行有效监督；成立专门负责财务审计和合规管理的委员会，直接向董事会报告。该委员会应由独立董事和外部专家组成，确保对掏空行为的严格审查和防范；允许非国有股东通过法律途径对国有股东的掏空行为提起诉讼，要求赔偿损失或停止相关行为，通过法律手段增强非国有股东的自我保护能力。

三、提升财务透明度和信息披露

增强企业的财务透明度和信息披露制度，有助于减少掏空行为的收益。通过定期进行第三方独立审计，并要求企业公开所有关键财务信息、重大投资决策和管理层薪酬的方式，确保国有股东和非国有股东，都能获取全面的财务数据。这种透明度可以减少信息不对称，降低掏空行为带来的潜在收益，使掏空行为不再具有经济吸引力，从而降低其发生的可能性。

四、引入外部监督力量

为进一步削弱国有股东的相对优势地位，可以引入外部监督力量。具体措施包括：通过增加企业信息的社会披露，使公众监督成为常态化，任何股东的异常行为都可能受到公众舆论的监督和批评；鼓励行业协会制定行业行为规范，督促企业遵守公平竞争和诚信经营的原则，对违反规定的企业进行行业内部惩罚；通过媒体监督，及时曝光企业内部的掏空行为，迫使企业纠正不良行为，并接受市场和社会的广泛监督。

五、加强法律与行政制裁

提高掏空行为的法律风险和成本，也有助于减少掏空行为的发生。如通过在公司法和证券法中明确禁止掏空行为，设立严格的法律责任，如罚款、取消股东资格和追究刑事责任等。同时，建立个人责任追究机制，对掏空行为的相关责任人，包括管理层和董事会成员，严厉惩罚。这将使掏空行为的成本显著增加，降低其发生的概率。

六、调整股权结构

通过优化股权结构，削弱国有股东的相对优势地位，同样有助于降低掏空行为发生的概率。可以通过定向增发、公开增发等方式，鼓励非国有股东增加持股比例，从而稀释国有股东的控股比例，实现股权结构的相对平衡。也可以引入有实力的战略投资者参与股权结构调整，这些投资者通常具备较强的治理能力，能够有效制衡国有股东的行为。此外，还可以实施员工持股计划，将企业的长期利益与员工的个人利益捆绑，提高内部制衡机制，进一步减少掏空行为发生的可能性。

本章小结

在国有企业的混合所有制改革中，国有资本与非国有资本之间的博弈对改革的成效具有重要影响。非国有资本在参与过程中面临的主要问题包括如何平衡经济效益与社会责任、如何防止国有资产流失以及如何克服文化和管理理念的差异等。通过建立博弈模型，可以深入分析非国有资本的参与动机和影响因素。此外，政府的行政干预在改革中扮演着双重角色，一方面它确保了社会稳定和国家战略目标的实现，另一方面却可能限制企业的市场化运作。为了防范股东掏空行为，必须加强企业的内部治理，完善监管机制。综上所述，混合所有制改革需要在经济效益与社会责任之间找到平衡点，设计科学合理的股东治理结构，并通过减少不必要的政府干预来提高混合所有制国有企业的市场竞争力和治理水平。

第六章　混合所有制国有企业的委托—代理模型

在国有企业混合所有制改革背景下，如何有效设计委托—代理机制以协调不同股东的利益，是一个很关键的问题。本章我们将深入探讨混合所有制国有企业中的委托—代理问题，尤其是如何在多目标、多任务环境下设计最优激励机制。

第一节　常规企业的委托—代理模型

一、参数化的委托—代理模型

假定 a 是一维努力变量，产出函数取线性形式 $\pi = a + \theta$，其中 $\theta \sim N(0, \sigma^2)$ 代表外生的不确定因素。假定委托人是风险中性的，代理人是风险规避型的，再将代理人划分为国有大股东和中小股东，假设国有大股东的持股比例为 t，大股东利用自身的控制权通过侵占中小股东的利益而获取的收益为 r。考虑线性合同 $s(\pi) = \alpha + \beta\pi$，其中 α 是代理人的固定报酬，β 是代理人分享的产出份额。$\beta = 0$ 意味着代理人不承担任何风险，$\beta = 1$ 意味着代理人承担全部风险。因为委托人是风险中性的，给定 $s(\pi) = \alpha + \beta\pi$，国有股东的期望效用等于期望收入：

$$EV = t[a - (\alpha + \beta a)] + r = t(1 - \beta)a - t\alpha + r \tag{6-1}$$

假定代理人的效用函数具有不变绝对风险规避型特征，即 $u = -e^{-\rho w}$，其中 ρ 是绝对风险规避度量，w 是实际货币收入。再假定国有控股代理人（以下简称代理人）的努力成本 $c(a)$ 可以等价于货币成本，并假定 $c(a) = b(a + r)^2/2$，这里 $b > 0$ 代表边际成本。如果，国有控股代理人由国有控股股东聘任，代表国有控股股东的利益，其薪酬由国有控股股东承担，而且国有控股股东会根据自己可得的收益来决定其代理人的报酬。因此，国有控股代理人的实际收入为：

$$w=s(\pi)-c(a)=t\alpha+t\beta(a+\theta)-b(a+r)^{2}/2 \qquad (6-2)$$

其确定性等价收入为：

$$Ew=t\alpha+t\beta a-\frac{b}{2}(a+r)^{2}-\frac{1}{2}\rho\beta^{2}\sigma^{2} \qquad (6-3)$$

其中，Ew 是国有控股代理人的期望收入，$\frac{1}{2}\rho\beta^{2}\sigma^{2}$ 是国有控股代理人的风险成本。令 $\bar{w}$ 为代理人的机会成本，则要使国有控股代理人接受合同，国有控股代理人的效用必须满足：

$$t\alpha+t\beta a-\frac{b}{2}(a+r)^{2}-\frac{1}{2}\rho\beta^{2}\sigma^{2}\geqslant\bar{w} \qquad (6-4)$$

在信息不对称的情况下，国有控股代理人可以选择自己的努力水平，目标是最大化自己的效用。委托人可以决定固定报酬 α 和国有控股代理人的风险比例（激励水平）β，以获得最大化的效用。显然，二者的目标是不一致的，相应的委托—代理模型为：

$$\begin{cases}\max\limits_{\alpha,\beta}EV=t(1-\beta)a-t\alpha+r\\ \text{s. t. }(IR)\ t\alpha+t\beta a-\frac{b}{2}(a+r)^{2}-\frac{1}{2}\rho\beta^{2}\sigma^{2}\geqslant\bar{w}\\ (IC)\ \max\limits_{a}Ew=t\alpha+t\beta a-\frac{b}{2}(a+r)^{2}-\frac{1}{2}\rho\beta^{2}\sigma^{2}\end{cases} \qquad (6-5)$$

依据模型（6-5），令$\frac{\partial Ew}{\partial a}=\beta-\frac{b}{2}(a+r)\;=0$，得

$$a^{*}=\frac{t\beta}{b}-r \qquad (6-6)$$

将式（6-6）代入模型，并令$\frac{\partial EV}{\partial\beta}=0$，可得

$$\beta^{*}=\frac{1}{1+\frac{\rho b\sigma^{2}}{t^{2}}} \qquad (6-7)$$

综上所述，该模型的最优解为

$$a^* = \frac{t\beta}{b} - r,\ \beta^* = \frac{1}{1 + \frac{\rho b \sigma^2}{t^2}} \tag{6-8}$$

二、结果分析

由 $a^* = \frac{t\beta}{b} - r$ 可知，国有控股代理人的努力程度与国有控股代理人的单位努力成本成反比，与国有控股代理人的分成比例成正比。这体现出对于国有控股代理人激励的重要性。这就要求委托人应该努力为国有控股代理人运营企业创造良好的环境，帮助其解决企业管理中的难题，以便于降低其努力的单位成本。国有控股股东持股比例越高，对于企业运营的控制权越高，越能为国有控股代理人创造更好的运营环境，所以国有控股代理人的努力程度越高。另外，提高国有控股代理人的分成比例，可以有效提高其积极性，激励其付出更多的努力。显然，国有大股东侵占其他股东利益的行为会降低国有控股代理人的努力水平，因为这种侵占行为会影响国有控股代理人正常履行企业管理职责，并降低代理人的职业荣誉感，这相当于提高了国有控股代理人的努力成本。

由 $\beta^* = \frac{1}{1 + \frac{\rho b \sigma^2}{t^2}}$ 可知，国有控股代理人努力的单位成本上升，最优激励水平将随之降低。国有控股代理人越厌恶风险，最优激励水平越应该低。这意味着厌恶风险的国有控股代理人更倾向于稳定的报酬，也就是提高报酬中固定报酬的比例。同时，国有控股代理人努力产出的不确定性越高，最优激励水平也就越低。这是因为在同等努力水平下，国有控股代理人努力产出的不确定性越高，产出越不稳定，所以对应的激励水平也应该降低。同时，国有控股股东的股权比例越高，意味着国有控股代理人的掏空行为就会越容易实施，相应的侵占行为就会获得更多收益，所以最优激励水平也就越高。

三、机制设计

实践表明，对于国有股独大型企业，占据主导地位的国有股东可以借助自身在公司运营中的优势地位，通过多种形式侵占中小股东的利益。国有大股东可以向混合所有制公司委派代理人，如总经理、财务总监等，这些代理人的薪酬由国有大股东决定，大股东可以通过固定薪酬加提成的形式支付相应的报酬。显然，如果代理人执行了掏空行为，那么他也能从掏空行为的收益中获利。

根据模型的计算结果可以看出，当国有大股东持股比例越高时，掏空行为的努力水平越高。而要想降低掏空行为的努力水平，提高掏空行为的成本是一个有效的方法，即强化内部和外部监督，包括内部的独立董事、监事会、运营制度和规范、内部审计等，以及外部的法律法规、相关政府部门的管理、企业外部审计和年报制度等。

另外，模型的结果表明，在国有企业混合所有制改革中，当国有企业处于绝对控股地位时，国有股的掏空行为具有较为充分的动机，此时私有股就会选择用脚投票，其参与国有股改革的积极性就会降低。因此，在进行国有企业的混合所有制改革过程中，应该适当提高私有股的比例，让私有股有能力参与公司决策，并对公司的运营进行监督。只有这样，才能打消私有股股东的顾虑，提高私有股股东参与国有企业混合所有制改革的积极性。

第二节　混合所有制国有企业的委托—代理问题分析

一、问题描述

国企混合所有制改革后有两种不同的所有权人，即国有股东与非国有股东，共同通过公司董事会委托职业经理人对公司进行管理。对于混合所有制国有企业来说，国有股东和非国有股东的目标是不一致的。国有股东不仅需要从经济角度实现国有资产的保值增值，还要承担着社会责任等多重任务目标；非国有股东则单纯追求经济利益最大化，目标比较单一。由于利益不完全一致，国有股东和非国有股东的委托人既有合作也有竞争，因此可以视为两个委托人。但根据已有文献可知，委托人间的合作可达到帕累托最优，所以我们要重点考虑两个委托人之间不合作的情形。而经理人面对不同委托人各自的委托目标，将根据自身利益最大化的原则做出“理性”选择。因此，如何选择最优的激励机制，以激励双方的委托人—职业经理人实现多个目标，是混改国企激励约束机制需要考虑的一个重要问题。具体到国有混合所有制企业，其股权包括国有股权和非国有股权，则委托人便可分为国有股委托人和非国有股委托人。两个委托人各自追求不同的任务目标，国有股委托人不仅需要承担社会责任，还要追求经济利益；而非国有股委托人只追求经济利益，所以二者目标并不一致。

两名目标不一致的委托人分别对经理人实施不同的任务激励，经理人再通过衡量薪酬计划及自身能力水平来选择努力水平以实现自身效用最大化。经理人对不同任务付出的努力水平是私人信息，委托人无法直接观察到。因此，两个委托人只能通过设定激励机制促使代理人完成各自的目标。代理人则根据自己的利益最大化原则来选择努力水平。

二、基本假设

（1）假设1：国有股委托人的目标有两个，一个是经济目标，另一个是社会目标。而非国有股委托人只有经济目标。经济目标是追求经济收益的最大化，社会目标则包括为了维护社会稳定、促进社会发展等。

（2）假设2：国有股委托人和非国有股委托人共同委托职业经理人负责企业的运营管理。假设国有股占比为 λ，则非国有股占比为

$(1-\lambda)$，$0\leqslant\lambda\leqslant1$。显然，当 $\lambda=0$ 时，即为普通的委托—代理问题；当 $\lambda=1$ 时，即为多目标委托—代理问题。设国有股委托人的期望收益为 S_N，非国有股委托人的期望收益为 S_P。又假设委托人和代理人都是风险中性，即期望效应等于期望收益，且都追求自身收益的最大化。

（3）假设3：经理人为了经济目标付出的努力为 $e_1>0$，产出系数为 k_1；为了社会目标付出的努力为 $e_2>0$，产出系数为 k_2。θ 为外生变量，表示外部环境导致两类努力产出的风险。$\theta_i\sim N(0,\sigma^2)$，$i=1$，2 且 $\text{cov}(\theta_1,\theta_2)=0$，即两类努力的产出风险不相关。经理人的努力产出为 $\pi_i=e_i+\theta_i$，$i=1$，2。假定企业经理人的效用函数具有不变绝对风险规避特征，即 $\mu=-e^{-\rho w}$，其中 ρ 是绝对风险规避度量，w 是实际货币收入。再假设企业股东为风险中性（$\rho=0$），企业经理人为风险厌恶型（$\rho>0$），则企业经理人的风险成本可以表示为 $\frac{1}{2}\rho\sigma^2\beta^2$。

（4）假设4：经理人在经济目标和社会目标付出的努力都能够得到经济收益，每一种努力的经济收益可以表示为 $r_i(\pi_i)=\alpha_i+\beta_i\pi_i$，$i=1$，2，其中 α_i 表示第 i 项努力得到的固定收益，β_i 表示第 i 项努力收益职业经理人的分成比例，$0\leqslant\beta_i\leqslant1$。

（5）假设5：这里需要探讨的是，经理人的两种任务之间可能相关，也可能不相关。因此，需要分两种情形进行分析。

三、任务的相关性分析

以上分析表明，经营者承担多项任务且多项任务之间相互独立时，经营者在各项工作的最优努力水平不存在相互影响。一般情况下，经营者负责企业整体的管理运营工作，各项工作以企业战略为导向，构成一个管理运营工作体系。这些工作以及各项工作所指向的任务之间一般不是独立的，而是相互影响、相互制约的。这种影响和制约主要表现为多项任务努力成本的相互影响。

这里仍然考虑经营者承担两项任务的情形。假设经营者在两项任务上付出的努力分别为 a_1 和 a_2，其成本函数为 $c(a_1, a_2)$。再假设边际努力成本分别为 b_1 和 b_2。独立情况下，经营者的努力成本为 $c(a_1, a_2)=\frac{1}{2}b_1a_1^2+\frac{1}{2}b_2a_2^2$。此时，$c_{ii}=\frac{\partial^2 c}{\partial a_i^2}=b_i>0\ (i=1, 2)$，$c_{12}=c_{21}=\frac{\partial^2 c}{\partial a_1 \partial a_2}=0$ 表示两种努力的独立性，任何一项任务努力水平的变化均不会影响另一项任务的边际成本。两种努力的相关性可以分为两种情形。

（一）两种努力互相补充

有些情况下，提高一项任务的努力水平将降低另外一项任务的边际努力成本，我们称为两种努力互相补充。例如，提高企业销售额和提高售后服务水平：一方面，提高售后服务水平就有可能提高品牌知名度和客户满意度，从而间接提高企业销售额；另一方面，随着企业销售额的增加，企业的销售网点就会越多，这也有利于提高售后服务水平。因此，在一项任务上付出的努力也会使另外一项任务受益，从而降低后者的边际努力成本。这样，两种努力就是相互补充的，简称互补。

（二）两种努力互相替代

还有一种情况是提高一项任务的努力水平将增加另外一项任务的边际努力成本，我们称为两种努力互相替代。这时两项任务实际上存在着冲突，提高其中一项任务的努力水平将给另外一项任务带来负面影响。例如，提高劳动生产率和提高产品质量：提高劳动生产率意味着减少单位产品的生产时间，有可能会降低产品的质量合格率；反之，提高产品质量，需要加强对产品生产的每一个环节的管理和监督，也会降低产品的生产效率。

基于以上分析，两种任务条件下经营者的努力成本可表示为：

$$c\ (a_1,\ a_2) = \frac{1}{2}b_1a_1^2 + \frac{1}{2}b_2a_2^2 + r\sqrt{b_1b_2}\,a_1a_2 \qquad (6-9)$$

其中，$-1 \leqslant r \leqslant 1$ 是两种努力 a_1 和 a_2 的相关系数，其含义如下：

$$\begin{cases} -1 \leqslant r < 0 & a_1 \text{ 和 } a_2 \text{ 相互补充} \\ r = 0 & a_1 \text{ 和 } a_2 \text{ 相互独立} \\ 0 < r \leqslant 1 & a_1 \text{ 和 } a_2 \text{ 相互替代} \end{cases} \qquad (6-10)$$

第三节　任务相互独立的委托—代理模型

一、模型构建

根据信息经济学的相关理论，当两种任务之间相互独立时，经理人付出努力的成本为 $c\ (e_i) = \frac{1}{2}b_ie_i^2(i=1,\ 2)$，其中 $b_i>0$ 为努力的成本系数。

由于信息的不对称，委托人无法直接观测到职业经理人的努力水平，只能通过产出来进行间接判断。因此，一般情况下，经理人的报酬由产出决定。假设经理人的期望收益为 w，则：

$$\begin{aligned} w &= E[\alpha_1 + \alpha_2 + \beta_1\pi_1 + \beta_2\pi_2 - c(e_1) - c(e_i)] \\ &= \alpha_1 + \alpha_2 + \beta_1e_1 + \beta_2e_2 - \frac{1}{2}b_1e_1^2 - \frac{1}{2}b_2e_2^2 - \frac{1}{2}\rho\sigma_1^2\beta_1^2 - \frac{1}{2}\rho\sigma_2^2\beta_2^2 \end{aligned}$$

(6-11)

设公司的总收益为S_T，国有股委托人的期望收益为S_N，非国有股委托人的期望收益为S_P：

$$\begin{aligned} S_T &= E[\pi_1 + \pi_2 - \alpha_2 - \alpha_2] \\ &= -\alpha_1 - \alpha_2 + (1-\beta_1)e_1 + (1-\beta_2)e_2 \end{aligned} \qquad (6-12)$$

其中

$$S_N = \lambda E[\pi_1 - \alpha_1 - \beta_1\pi_1] + E[\pi_1 - \alpha_1 - \beta_1\pi_1]$$

$$= \lambda[(1-\beta_1)e_1 - \alpha_1] + (1-\beta_2)e_2 - \alpha_2 \tag{6-13}$$

$$S_P = (1-\lambda)E[\pi_1 - \alpha_1 - \beta_1\pi_1]$$

$$= (1-\lambda)[(1-\beta_1)k_1e_1 - \alpha_1] \tag{6-14}$$

w_0 是代理人的机会收入，即代理人为签订这个契约而放弃的其他机会的收益的最大值。设代理人的机会收入为 $w \sim N$（w_0，σ_3^2），则相应的委托—代理模型为：

$$\begin{cases} \max\limits_{\alpha,\beta}\psi = -\alpha_1 - \alpha_2 + (1-\beta_1)e_1 + (1-\beta_2)e_2 \\ \text{s. t. (IR)}\, w = \alpha_1 + \alpha_2 + \beta_1e_1 + \beta_2e_2 - \frac{1}{2}b_1e_1^2 - \frac{1}{2}b_2e_2^2 \\ \qquad - \frac{1}{2}\rho\sigma_1^2\beta_1^2 - \frac{1}{2}\rho\sigma_2^2\beta_2^2 \geqslant w_0 \\ \text{(IC)}\,(e_1, e_2) \in \operatorname{argmax}\begin{bmatrix} \alpha_1 + \alpha_2 + \beta_1e_1 + \beta_2e_2 - \frac{1}{2}b_1e_1^2 \\ -\frac{1}{2}b_2e_2^2 - \frac{1}{2}\rho\sigma_1^2\beta_1^2 - \frac{1}{2}\rho\sigma_2^2\beta_2^2 \end{bmatrix} \end{cases} \tag{6-15}$$

二、模型的计算

因为在最优情况下，参与约束的等式成立（即委托人没有必要支付代理人更多），将参与约束代入目标函数，可将上述优化问题重新表述为：

$$\begin{cases} \max\limits_{\alpha,\beta}\psi = -\alpha_1 - \alpha_2 + (1-\beta_1)e_1 + (1-\beta_2)e_2 \\ \text{s. t. (IR)}\, w = \alpha_1 + \alpha_2 + \beta_1e_1 + \beta_2e_2 - \frac{1}{2}b_1e_1^2 - \frac{1}{2}b_2e_2^2 \\ \qquad - \frac{1}{2}\rho\sigma_1^2\beta_1^2 - \frac{1}{2}\rho\sigma_2^2\beta_2^2 = w_0 \qquad\qquad (6-16) \\ \text{(IC)}\,(e_1, e_2) \in \operatorname{argmax}\begin{bmatrix} \alpha_1 + \alpha_2 + \beta_1e_1 + \beta_2e_2 - \frac{1}{2}b_1e_1^2 \\ -\frac{1}{2}b_2e_2^2 - \frac{1}{2}\rho\sigma_1^2\beta_1^2 - \frac{1}{2}\rho\sigma_2^2\beta_2^2 \end{bmatrix} \end{cases}$$

最大化企业经理人的收益，得：

$$\frac{\partial w}{\partial e_1}=0 \qquad \frac{\partial w}{\partial e_2}=0 \tag{6-17}$$

$$e_1^*=\frac{\beta_1 k_1}{b_1} \qquad e_2^*=\frac{\beta_2 k_2}{b_2} \tag{6-18}$$

代入目标函数，令

$$\frac{\partial w}{\partial e_1}=0 \qquad \frac{\partial w}{\partial e_2}=0 \tag{6-19}$$

可得：

$$\beta_1^*=\frac{1}{1+\rho b_1\sigma_1^2} \qquad \beta_2^*=\frac{1}{1+\rho b_2\sigma_2^2} \tag{6-20}$$

三、结果分析

从模型的计算结果来看，我们可以得出如下结论：

(1) 由式 (6-8) 可知，企业管理者的努力水平与努力成本成反比。这就要求无论是国有股东，还是非国有股东，都应该努力为企业管理者运营企业提供良好的环境，这样有利于降低企业管理者的努力成本，进而提高努力水平。

(2) 企业管理者的努力水平与分成系数成正比。显然，提成比例越高，企业管理者的努力水平越高。作为特例，当分成比例 $\beta_i=1$，$i=1$，2 时，相当于企业管理者承包了企业，股东收取固定的租赁费用。当分成比例为 $\beta_i=0$，$i=1$，2 时，所有与努力相关的收益全部交给股东，此时企业管理者的努力水平为 0，即无法形成契约。

(3) 由式 (6-10) 可知，最优分成比例与产出系数成正比。这意味着产出系数越高，更高的激励水平能得到更多的收益。因此，良好的内外部环境符合企业股东和管理者双方的利益，也需要双方共同努力，以使双方的利益同时达到最优。

（4）最优分成比例与风险成本（$\rho\sigma_i^2$，$i=1$，2）成反比。也就是说，风险成本越高，最优分成比例越低。企业管理者越厌恶风险，最优分成比例越低。其实这也从一个侧面反映出适当承担风险是企业管理中的一个基本素质，是企业股东选择企业管理者需要考虑的重要因素。

（5）最优分成比例与努力成本成反比。这是因为努力成本越高，企业管理者的努力水平越低，进而最优分成比例也就越低。这意味着企业面临困境时，企业管理者的努力水平就会降低，最优分成比例就会越低。此时企业管理者离职的可能性会增加，而招聘新的企业管理者的难度也会相应增加。

第四节　任务相互影响的委托—代理模型

一、模型构建

当两种任务之间并不独立时，两种任务条件下经营者的努力成本可表示为：

$$c(a_1, a_2) = \frac{1}{2}b_1 a_1^2 + \frac{1}{2}b_2 a_2^2 + r\sqrt{b_1 b_2}\, a_1 a_2 \tag{6-21}$$

由于信息的不对称，委托人无法直接观测到职业经理人的努力水平，只能通过产出来间接判断。因此，一般情况下，经理人的报酬由产出决定。假设经理人的期望收益为 w，则：

$$\begin{aligned} w &= E[\alpha_1 + \alpha_2 + \beta_1\pi_1 + \beta_2\pi_2 - c(e_1) - c(e_i)] \\ &= \alpha_1 + \alpha_2 + \beta_1 k_1 e_1 + \beta_2 k_2 e_2 - \frac{1}{2}b_1 e_1^2 - \frac{1}{2}b_2 e_2^2 \\ &\quad - r\sqrt{b_1 b_2}\, e_1 e_2 - \frac{1}{2}\rho\sigma_1^2\beta_1^2 - \frac{1}{2}\rho\sigma_2^2\beta_2^2 \end{aligned} \tag{6-22}$$

设公司的总收益为 S_T，国有股委托人的期望收益为 S_N，非国有股委托人的期望收益为 S_P：

$$\begin{aligned} S_T &= E[\pi_1 + \pi_2 - \alpha_2 - \alpha_2 -] \\ &= -\alpha_1 - \alpha_2 + (1-\beta_1)k_1e_1 + (1-\beta_2)k_2e_2 \end{aligned} \tag{6-23}$$

其中

$$\begin{aligned} S_N &= \lambda E[\pi_1 - \alpha_1 - \beta_1\pi_1] + E[\pi_1 - \alpha_1 - \beta_1\pi_1] \\ &= \lambda[(1-\beta_1)k_1e_1 - \alpha_1] + (1-\beta_2)k_2e_2 - \alpha_2 \end{aligned} \tag{6-24}$$

$$\begin{aligned} S_P &= (1-\lambda)E[\pi_1 - \alpha_1 - \beta_1\pi_1] \\ &= (1-\lambda)[(1-\beta_1)k_1e_1 - \alpha_1] \end{aligned} \tag{6-25}$$

w_0 是代理人的机会收入，即代理人为签订这个契约而放弃的其他机会的收益的最大值。设代理人的机会收入为 $w \sim N(w_0, \sigma_3^2)$，则相应的委托—代理模型为：

$$\begin{cases} \max\limits_{\alpha,\beta}\psi = -\alpha_1 - \alpha_2 + (1-\beta_1)e_1 + (1-\beta_2)e_2 \\ \text{s. t. (IR)}\, w = \alpha_1 + \alpha_2 + \beta_1e_1 + \beta_2e_2 - \frac{1}{2}b_1e_1^2 - \frac{1}{2}b_2e_2^2 \\ \qquad\qquad - r\sqrt{b_1b_2}\,e_1e_2 - \frac{1}{2}\rho\sigma_1^2\beta_1^2 - \frac{1}{2}\rho\sigma_2^2\beta_2^2 \geqslant w_0 \\ \text{(IC)}\,(e_1, e_2) \in \operatorname{argmax}\left[\begin{array}{l} \alpha_1 + \alpha_2 + \beta_1e_1 + \beta_2e_2 - \frac{1}{2}b_1e_1^2 - \frac{1}{2}b_2e_2^2 \\ - r\sqrt{b_1b_2}\,e_1e_2 - \frac{1}{2}\rho\sigma_1^2\beta_1^2 - \frac{1}{2}\rho\sigma_2^2\beta_2^2 \end{array}\right] \end{cases} \tag{6-26}$$

二、模型计算

因为在最优情况下，参与约束的等式成立（即委托人没有必要支付代理人更多），将参与约束代入目标函数，可将上述优化问题重新表述为：

$$\begin{cases} \max\limits_{\alpha,\beta}\psi = k_1e_1 + k_2e_2 - \frac{1}{2}b_1e_1^2 - \frac{1}{2}b_2e_2^2 - r\sqrt{b_1b_2}e_1e_2 \\ \quad - \frac{1}{2}\rho\sigma_1^2\beta_1^2 - \frac{1}{2}\rho\sigma_2^2\beta_2^2 - w_0 \\ \text{s. t. (IR)} \quad w = \alpha_1 + \alpha_2 + \beta_1e_1 + \beta_2e_2 - \frac{1}{2}b_1e_1^2 - \frac{1}{2}b_2e_2^2 \\ \quad - r\sqrt{b_1b_2}e_1e_2 - \frac{1}{2}\rho\sigma_1^2\beta_1^2 - \frac{1}{2}\rho\sigma_2^2\beta_2^2 = w_0 \\ \text{(IC)} \quad (e_1,\ e_2) \in \arg\max \left[\begin{array}{l} \alpha_1 + \alpha_2 + \beta_1e_1 + \beta_2e_2 - \frac{1}{2}b_1e_1^2 - \frac{1}{2}b_2e_2^2 \\ - r\sqrt{b_1b_2}e_1e_2 - \frac{1}{2}\rho\sigma_1^2\beta_1^2 - \frac{1}{2}\rho\sigma_2^2\beta_2^2 \end{array}\right] \end{cases} \tag{6-27}$$

最大化企业经理人的收益，得：

$$\frac{\partial w}{\partial e_1} = 0; \quad \frac{\partial w}{\partial e_2} = 0 \tag{6-28}$$

即

$$\begin{cases} b_1e_1 + r\sqrt{b_1b_2}e_2 = \beta_1k_1 \\ r\sqrt{b_1b_2}e_1 + b_2e_2 = \beta_2k_2 \end{cases} \tag{6-29}$$

可得：

$$e_1^* = \frac{b_2\beta_1 - r\sqrt{b_1b_2}\beta_2}{(1-r^2)\ b_1b_2} \quad e_2^* = \frac{b_1\beta_2 - r\sqrt{b_1b_2}\beta_1}{(1-r^2)\ b_1b_2} \tag{6-30}$$

代入目标函数，令：

$$\frac{\partial w}{\partial e_1} = 0 \quad \frac{\partial w}{\partial e_2} = 0 \tag{6-31}$$

整理后可得：

$$\begin{cases} [b_2 - \rho\sigma_1^2\ (1-r^2)\ b_1b_2]\ \beta_1 + r\sqrt{b_1b_2}\beta_2 = b_2 - \sqrt{b_1b_2} \\ r\sqrt{b_1b_2}\beta_1 + \ [b_1 - \rho\sigma_2^2\ (1-r^2)\ b_1b_2]\ \beta_2 = b_1 - \sqrt{b_1b_2} \end{cases} \tag{6-32}$$

解得：

$$\begin{cases}\beta_1^* = \dfrac{1+\rho(b_2 - r\sqrt{b_1 b_2})\sigma_2^2}{1+\rho(b_1\sigma_1^2 + b_2\sigma_2^2) + (1-r^2)\rho^2 b_1 b_2 \sigma_1^2\sigma_2^2} \\ \beta_2^* = \dfrac{1+\rho(b_1 - r\sqrt{b_1 b_2})\sigma_1^2}{1+\rho(b_1\sigma_1^2 + b_2\sigma_2^2) + (1-r^2)\rho^2 b_1 b_2 \sigma_1^2\sigma_2^2}\end{cases} \tag{6-33}$$

三、结果分析

（1）根据式（6－23），经营者的努力水平随着激励水平的增加而提高，但随着另一任务的激励水平增加而降低。这表明两种任务的激励相互影响：当提高某一任务的激励水平时，经营者在该任务上的努力将增加，而在另一任务上的努力将减少。因此，企业所有者在激励经营者时，需同时考虑激励的绝对水平和相对水平。为了避免经营者过度集中于某一任务，应保持各项任务激励的相对平衡，以确保经营者能够全面执行多项任务。

（2）如果存在一种任务难以准确衡量，极端情况下可以假设该任务完全无法进行有效的评价。在这种情况下，$\sigma_2^2 \to \infty$，$\beta_1^* = \dfrac{(b_2 - r\sqrt{b_1 b_2})}{b_2 + (1-r^2)\ \rho b_1 b_2 \sigma_1^2} > 0$，$\beta_2^* = 0$。也就是说，由于第二项任务无法被准确评价，因此最合理的安排是采用固定报酬的方式进行激励，此时，$a_1^* > 0$，$a_2^* = 0$。然而，在某些特定的情形下，两项任务之间的相关性不仅体现在评价上，还可能表现在产出结果上。假设两种努力对应的产出为 $\pi(a_1, a_2)$，则存在 $\pi(a_1, 0) = \pi(0, a_2) = 0$ 的情形，即放弃其中一项任务将导致整体产出为零。例如，若两项任务分别为提高销量和加强售后服务，那么如果不在售后服务上投入足够的努力，产品可能无法顺利销售。因此，在这种情况下，单独对某一项任务进行激励，对于企业所有者而言，只会由于激励机制带来负面效应——增加风险成本。因此，在此类情况下，采用固定报酬（$\beta_1 = \beta_2 = 0$）反而是最优的激励选择。

（3）努力的边际成本增加会导致努力水平的下降，这一结论同样适用于多任务的情况。不仅如此，由公式$\frac{\partial a_1^*}{\partial b_2}>0$，$\frac{\partial a_2^*}{\partial b_1}>0$可以推导出，一项任务的边际成本增加会促使经营者在另一项任务上更努力。这一点在管理实践中并不难理解，经营者往往倾向于将更多精力投入相对容易的任务中，以此来获得更好的业绩表现。进一步，由公式$b_{it}=t\underline{b_i}+(1-t)\overline{b_i}$可知，经营者的满意度越高，相应的边际成本就越低，从而努力水平也会随之提高。因此，营造良好的企业运营环境，尤其是健全的内部运营机制和有效的监督管理机制，能够显著降低经营者努力的边际成本，进而提升其整体努力水平。

（4）由式（6－26）可推导出：

$$\frac{\beta_1^*}{\beta_2^*}=\frac{1+\rho\ (b_{2t}-r\sqrt{b_{1t}b_{2t}})\ \sigma_2^2}{1+\rho\ (b_{1t}-r\sqrt{b_{1t}b_{2t}})\ \sigma_1^2} \quad (6-34)$$

在多任务条件下，单项任务的激励水平与其产出的不确定性成反比。当某项任务的产出不确定性越高时，对该任务的激励水平就应相应降低。然而，在契约实施后，激励水平在一定时期内是固定不变的，而产出却会随时间不断变化。在这种情况下，企业所有者可以向经营者传达产出不确定性增加的信息，使经营者认为当前该项任务的激励水平相对较高，从而自发地在该项任务上多努力。这种做法有助于协调经营者在各项任务上投入的相对努力水平，优化整体工作表现。

（5）同样地，各项任务的相对激励水平与各项任务努力水平的边际成本成反比。也就是说，当某一任务的努力边际成本越高时，其相对激励水平就会越低。从收益最优化的角度来看，随着努力边际成本的增加，相同激励所能带来的收益将逐渐减少。因此，为了实现整体利益的最优化，当努力成本较高时，应适当降低该任务的激励水平。

然而，如果从任务的系统性角度进行考量，任何一项任务的努力水平都会对整体产出产生影响。因此，如果企业所有者认为某项任务的努力水平不足，一个最直接的应对措施就是提升该项任务的激励水平。通过提升激励水平，企业所有者可以促使经营者在该任务上更加努力，从而提升总体产出，确保企业整体目标的达成。

（6）可以证明，当 $0<r\leqslant 1$ 时，即当两项任务呈现相互替代关系时，如果满足条件 $\sigma_1^2<\sigma_2^2$，则会有 $\frac{\partial \beta_1^*}{\partial r}<0$，$\frac{\partial \beta_2^*}{\partial r}>0$。这意味着，当第一项任务的方差大于第二项任务的方差时，随着任务相关系数的增大，第一项任务的激励水平会降低；而第二项任务的激励水平则会随着相关系数的增大而提高。因此，在确定两项任务的激励水平时，不仅需要评估每项任务的不确定性，还必须考虑任务之间的相关性对激励水平的影响。

另外，当 $-1\leqslant r<0$ 时，两项任务呈现互补关系。可以进一步证明，在这种情况下，随着任务相关系数 r 的增大，两项任务的最优激励水平都会相应降低。这是因为当两项任务互补时，对一项任务投入更多努力水平将减少另一项任务的边际努力成本。然而，由于 $r<0$，随着 r 的增大，任务之间的互补效应减弱，导致整体的努力水平和激励水平下降。因此，在进行任务分配时，应尽量将互补性较强的任务分配给同一经营者，这样可以在不显著增加激励成本的前提下，利用任务间的互补性来提高经营者的整体努力水平，进而优化企业的业绩表现。

第五节　考虑经营者风险估计的多任务激励

一、模型构建

假设经营者负责完成两项任务，在两项任务上付出的努力分别为 a_1 和 a_2。假设企业所有者对两种努力产出的不确定性的估计分别为

$\theta_{ip} \sim N(u_{ip}, \sigma_i^2)$，$i=1, 2$。由于经营者和企业所有者对未来风险的估计存在差异，故假设经营者对两种努力产出的不确定性的估计分别为 $\theta_{ia} \sim N(u_{ia}, k\sigma_i^2)$，$i=1, 2$，其中 k 表示经营者与企业所有者在方差估计上的区别，由于经营者掌握信息，并对未来有较强的分析和控制能力，因此，多数情况下，$k<1$。

b_1 和 b_2 分别表示努力水平 a_1 和 a_2 的边际成本。为了简化对模型的分析，假设只考虑外部环境的估计对产出的影响，而努力的边际成本保持不变。企业所有者对两种努力分别进行观测，其产出分别为 π_1 和 π_2。对于企业所有者来说，产出为：

$$\pi_i = a_i + \theta_{ip}, \quad i=1, 2 \tag{6-35}$$

而对于经营者来说，其对产出的估计为：

$$\pi_i = a_i + \theta_{ia}, \quad i=1, 2 \tag{6-36}$$

假设经营者具有不变的绝对风险规避度 ρ，效用函数为 $u = -e^{-\rho w}$，w 为实际收益。假设对两种努力分别进行激励，相应的激励水平分别为 β_1，β_2。为简单起见，假设两种努力相互独立，根据本章第一节的分析，经营者的期望收益为：

$$\begin{aligned} Ew = {} & \alpha + \beta_1(a_1 + u_{1a}) + \beta_2(a_2 + u_{2a}) - \frac{1}{2}b_1 a_1^2 \\ & - \frac{1}{2}b_2 a_2^2 - \frac{1}{2}\rho\beta_1^2 k_1 \sigma_1^2 - \frac{1}{2}\rho\beta_2^2 k_2 \sigma_2^2 \end{aligned} \tag{6-37}$$

企业所有者的期望收益为：

$$Ew = -\alpha + (1-\beta_1)(a_1 + u_{1p}) + (1-\beta_2)(a_2 + u_{2p}) \tag{6-38}$$

相应的委托—代理模型为：

$$\begin{cases} \max\limits_{\alpha,\beta_1,\beta_2} Ev = -\alpha + (1-\beta_1)(a_1 + u_{1p}) + (1-\beta_2)(a_2 + u_{2p}) \\ \text{s. t. (IR) } \alpha + \beta_1(a_1 + u_{1a}) + \beta_2(a_2 + u_{2a}) - \frac{1}{2}b_1 a_1^2 - \frac{1}{2}b_2 a_2^2 \\ \qquad - \frac{1}{2}\rho\beta_1^2 k_1 \sigma_1^2 - \frac{1}{2}\rho\beta_2^2 k_2 \sigma_2^2 \geqslant \bar{w} \end{cases}$$

$$\left\{(IC)\ (a_1, a_2) \in \operatorname{argmax}\left[\begin{array}{l}\alpha + \beta_1(a_1 + u_{1a}) + \beta_2(a_2 + u_{2a}) - \frac{1}{2}b_1 a_1^2 \\ -\frac{1}{2}b_2 a_2^2 - \frac{1}{2}\rho\beta_1^2 k_1 \sigma_1^2 - \frac{1}{2}\rho\beta_2^2 k_2 \sigma_2^2\end{array}\right]\right. \tag{6-39}$$

当 $k=1$，且 $u_{ia}=u_{ip}$（$i=1$，2）时，模型（6－25）就变为双方风险估计无差异的多任务激励的期望值模型。利用 K－T 条件对模型求解得：

$$a_i^* = \frac{\beta_i}{b_i},\ i=1,\ 2 \tag{6-40}$$

相应的最优激励为：

$$\beta_i^* = \frac{1 + b_i\ (u_{ia} - u_{ip})}{1 + \rho b_i k \sigma_i^2},\ i=1,\ 2 \tag{6-41}$$

二、结果分析

由上可以看出，经营者和企业所有者对未来风险的估计对最优激励水平会产生影响，进而影响经营者的最优努力水平的选择。

（1）由式（6－41）可以看出，最优激励水平随着经营者对外部环境影响的期望值的增大而增大，随着企业所有者对外部环境影响的期望值的增大而减小。由外部环境影响的期望值越大，代表外部环境越有利，产出来自外部环境因素影响的部分越多。因此，企业所有者对外部环境影响的期望值越大，他就会认为外部环境越有利，同样的产出水平下，外部环境的贡献就越大，从而对经营者的努力水平的评价就越低，激励水平就越低。相反，经营者对外部环境影响的期望值越高，意味着经营者对未来的产出越乐观，即愿意承担的风险和付出的努力也会增加。

（2）由式（6－27）可知，当 $u_{ia} \leqslant u_{ip} + \frac{1}{b_i}$时，$\beta_i^* = 0$。此时的最优契约要求经营者不承担任何风险。这是由于经营者对未来的风险评价与企业所有者的评价差别太大，例如经营者认为外部环境很不利，而企业所有者认为环境很好，此时经营者自身估计的风险成本很高，大于收益分享带来的效用。因此，最优的选择就是给予经营者固定报酬，企业所有者承担全部风险。

（3）$\frac{\partial \beta_i^*}{\partial k}<0$，即随着经营者对外部环境不确定性的方差估计的减小，激励水平应该越高。实际上，k 在一定程度上反映了经营者对未来进行控制的自信程度，k 越小，经营者对未来的自信程度越高。此时，经营者认为自己承担风险所带来的负效用（风险成本）越低，因此，反映风险分担比例的激励水平 β_i^* 也应该相应地提高。

以上是在假设两种任务相互独立的情况下得到的结果。在两种任务相关的情形下，根据之前的分析，主要是两种任务的成本相互影响，而对于风险没有影响，因此，两种任务相关时，得到的结论与独立情形下相同。

三、激励机制

由以上分析，我们可以得到以下一些启示：

由于双方签订契约时需要确定经营者的分享比例，因此，无论企业所有者，还是经营者，都需要对契约执行过程中将要面临的风险进行评估。对企业所有者而言，一般倾向于认为未来的情形相对乐观，因此，会降低契约中的激励水平。而对于经营者，则倾向于认为未来的情形相对悲观，此时他会认为激励水平偏高，而激励水平的提高意味着承担更大的风险。因此，在双方签订契约时，企业所有者应该与经营者对企业的环境和希望达到的目标进行充分沟通，尤其是共同分析将要面临的困难和风险，这样才能减少双方对风险认识的差异，降低契约激励水平与最优水平的差异，使双方的契约与风险估计相适应。

由经营者对外部环境风险偏差的估计可以看出，经营者越有信心，相应的激励水平越高，较高的激励水平意味着经营者愿意承担更多的风险。因此，企业所有者应该创设有利的外部环境，提高经营者对环境可控性的信心。虽然这种信心多取决于经营者自身，如经营者的经验和经营能力等。但是，市场环境虽然不可控，企业的内部运营环境却是可以改善的。企业所有者和经营者可以共同改善企业内部运营环境，如双方多沟通和调整决策机制等，以降低经营者对风险方差的预测，从而提高努力水平。

在契约实施过程中，双方对风险的预测和评估会不断地发生改变。当双方评估的差距增大时，契约中的激励水平与最优激励水平的差距也会变大，此时企业所有者应该通过沟通，了解对风险认识的差异并对激励水平加以调整，以使激励制度符合管理实践的需要。

本章小结

本章通过对混合所有制国有企业的委托—代理模型的构建和分析，探讨了国有企业中的激励机制设计及其对代理人努力水平的影响。在常规企业的委托—代理模型中，通过假设代理人是风险规避型的，分析了代理人的努力成本、分成比例等因素如何影响其努力水平。结果表明，代理人的努力程度与单位努力成本成反比，与分成比例成正比，且国有控股股东的持股比例越高，代理人的努力程度越高。但国有大股东的侵占行为会降低代理人的努力水平。

针对混合所有制企业，国有股东和非国有股东的目标不一致，且两类委托人共同委托职业经理人进行企业管理。模型表明，经理人的努力水平不仅受个别任务的激励水平影响，还受到多任务间的相互关系影响。在任务相互独立的情况下，经理人的努力水平与努力成本、分成比例、风险成本等因素相关。而当任务相互影响时，提高某一任务的激励水平会导致其他任务的努力水平下降，这要求企业所有者在设计激励机制时需平衡各项任务的激励水平，以确保经理人能够全面执行各项任务。

此外，任务的相关性和产出的不确定性也显著影响激励设计。特别是当某项任务的产出不确定性较高时，对该任务的激励水平应适当降低，以优化整体收益。

第七章　混合所有制国有企业的管理层激励机制

在混合所有制国有企业的管理层中，改革的推进程度以及股东结构的复杂性对企业的治理水平提出了新的挑战。这些企业不仅需提高管理层的治理能力和企业家精神，还需设计与之匹配的激励机制，以促进企业的健康发展。由于其股东背景的多样性以及目标的复杂性，使混合所有制国有企业管理层的激励机制设计尤为困难。在这样的背景下，深入了解混合所有制国有企业管理层的特点，科学合理地评价和激励管理层，对企业发展尤为重要。这不仅有助于提高管理层的工作积极性和效率，也对推动国有企业的改革至为关键。

第一节　混合所有制国有企业管理层的特点

在混合所有制改革背景下，国有企业的管理层面临着更加复杂的环境，与一般企业大为不同。

一、构成较为复杂

混合所有制国有企业的管理层结构较为复杂，通常由不同背景的管理人员组成。这种复杂性源于混合所有制企业中的股东结构多样化，包括国有股东、私营企业、外资企业、投资机构等，且每类股东对企业的期望和要求各不相同。例如，国有股东可能更加关注国有资产的保值增值和社会责任，而非国有股东则更关注经济效益和利润最大化（张杰，2023）。这种多样化的股东背景使管理层在制定战略、执行政策和资源分配时需要综合考虑各方的利益，从而增加了管理决策的复杂性。此外，混合所有制企业需要在传统国有企业管理模式与现代企业治理结构之间找到平衡，这要求管理层具备更高水平的治理能力和协调能力（陈燕，2023）。

二、目标具有多样性

混合所有制国有企业的管理层的目标比传统国有企业更加复杂多样。非国有股东通常只关注企业的经济利益，期望企业通过市场竞争实现利润最大化，而国有股东则除了关注盈利能力外，还关注对社会的贡献和国有资产的增值（杨军，2023）。多重目标的存在使管理层在制定企业战略时必须综合考虑各方面的需求，从而增加了目标设定和执行的难度。管理层需要在平衡经济效益与社会责任之间找到合理的切入点，以确保企业的长期可持续发展（刘峰，2023）。

三、内部冲突较多

混合所有制国有企业的股东构成复杂，目标多样，往往导致企业内部冲突较多。这些冲突主要体现在不同股东之间的利益矛盾以及管理层与股东之间的目标分歧上。例如，非国有股东可能希望通过市场化手段提高企业盈利能力，而国有股东则可能更加关注社会效益和资产增值（李克强，2022）。这种利益上的分歧可能导致企业在战略、资源配置和绩效评估等方面产生矛盾。为了缓解这些内部冲突，管理层需要具备良好的沟通和协调能力，并能够在不同利益之间找到平衡点。这可能需要建立更加完善的内部治理结构和决策机制，以确保各方利益的协同与融合，从而促进企业的健康发展（张杰，2023）。

四、需要分类进行考核与激励

混合所有制国有企业的考核与激励机制需要根据不同股东和管理层的特点进行分类设计。由于不同股东的目标和需求有差异，单一的考核与激励体系可能无法有效覆盖所有股东的期望。对国有股东，考核指标可能包括社会责任、国有资产保值增值等；而对非国有股东，则可能更加关注企业的财务绩效和市场表现（陈燕，2023）。因此，混合所有制国有企业在设计考核和激励机制时，应将财务指标与非财务指标相结合，制定多层次的评价体系。例如，可以设立专门的考核模块来评估社会责任履行情况，同时设置与市场绩效相关的激励方案。这种分类考核和激励机制不仅有助于满足不同股东的需求，还能促进管理层在不同目标之间找到合理的平衡点，从而推动企业的全面发展（刘峰，2023）。

第二节　国有企业管理层考核的现状和问题

一、国有企业管理层考核的现状

近年来，国有企业在管理层考核方面已有显著变化，开始向更加全面和多元化的方向发展。目前，国有企业管理层考核的主要内容包括以下几个方面。

（一）财务绩效

尽管国有企业在考核管理层时逐渐引入了多样化指标，财务绩效依然占据重要地位。传统的财务考核指标包括净利润、营业收入、资产回报率和现金流等，这些指标均直接反映企业的经济效益和经营成果。例如，通过分析净利润增长率，企业可以评估管理层在提升利润和优化成本方面的成效。此外，财务绩效的考核还可帮助企业了解管理层在资本运作、资源配置等方面的决策能力（王磊，2023）。

（二）经营效率

除财务绩效外，经营效率也是考核的重点。其考核指标涵盖了成本控制、生产效率和资源利用率等方面。管理层在降低生产成本、提升生产效率和优化资源配置方面的表现，直接影响企业的竞争力。例如，通过衡量单位产品成本的变化和生产线的运作效率，企业可以评估管理层在提升生产运营方面的能力（李霞，2022）。这些指标不仅关乎企业的短期经营效益，还影响企业长期的市场竞争力。

（三）战略执行能力

管理层的战略执行能力也逐渐成为考核的重要内容。企业会关注管理层在实现公司战略目标方面的表现，包括市场拓展、产品创新和品牌建设等。例如，市场份额的增加、新产品的成功推出以及品牌影响力的提升，都可以反映管理层在战略实施中的成效（陈晓明，2023）。战略执行的考核不仅涉及短期业绩，还需考虑战略的长远影响和企业的持续发展。

（四）社会责任

随着社会对企业社会责任的关注度提升，管理层考核也开始纳入社会责任相关指标。这些指标包括环保措施的实施情况、公益活动的参与程度以及员工福利的改善等（赵辉，2023）。管理层在履行社会责任方面的表现，可直接影响企业的社会形象和品牌信誉。例如，企业通过减少碳排放、参与社区公益等行动，能够提升自身的社会责任感和形象，这些因素在混合所有制企业的考核中占据重要地位。

二、国有企业管理层考核的问题

尽管国有企业在管理层考核中取得了一些进展，但仍面临众多亟待解决的问题，这些问题直接影响国有企业管理层考核的全面性和公正性。

（一）单一指标的局限性

一些企业对管理层的考核过于依赖财务指标，而忽视其他重要的非财务指标。虽然财务指标能够直观地反映管理层的经济效益，但它们无法全面评估管理层在战略执行、创新能力和社会责任履行等方面的表现。例如，过度关注财务利润可能会忽视管理层在推动技术创新和品牌建设方面的努力，导致考核结果过于片面（王磊，2023）。

（二）考核指标设定不合理

部分企业在设定考核指标时偏重于短期业绩，而忽视长期战略目标的实现。这种考核方式可能导致管理层为了达到短期目标而忽略企业的长期发展。例如，过于关注季度盈利而忽视长期投资和战略布局，可能影响企业的未来竞争力和可持续发展（李霞，2022）。这种不平衡的考核方式可能导致企业在长期发展方面投入不足，影响其市场地位。

（三）考核机制的缺陷

一些企业的考核机制存在标准不明确、评价过程不透明等问题。这些问题均会影响考核结果的客观性和公正性。例如，考核标准的不统一可能导致不同管理层在相同业绩情况下得到不同的评价结果，影响考核的公正性。此外，评价过程的不透明可能导致管理层对考核结果的不满和争议（陈晓明，2023）。提升考核机制的透明度和标准化水平则是解决这些问题的关键。

（四）激励措施的不足

虽然考核结果能够在一定程度上反映管理层的绩效，但一些企业的激励措施仍未能有效地与考核结果挂钩。激励措施的不足可能影响管理层的积极性。例如，如果薪酬和奖励机制未能与绩效考核结果相匹配，管理层可能缺乏足够的动力去提升业绩和推动创新（赵辉，2023）。因此，建立有效的激励机制，能够促进管理层的积极性和工作表现，从而提升企业的整体绩效。

三、混合所有制国有企业管理层业绩评价分析

混合所有制国有企业作为现代经济中重要的组织形式，其对管理层的业绩评价不仅关系企业的短期利益，还涉及企业的长期战略发展。为了有效地激励管理层并实现企业的综合目标，必须深入分析经济责任与社会责任如何平衡，以及客观与主观业绩如何评价的问题。

（一）经济责任与社会责任

1. 经济责任

混合所有制企业的经济责任主要体现在提升市场竞争力、推动创新、履行税收义务以及提高员工收入等方面。

2. 市场竞争力

混合所有制企业通过资本的多元化，能够引入不同的资金和管理经验，对于提升企业的市场竞争力至关重要。管理层需要通过优化资源配置、提高生产效率来实现企业的利润最大化和可持续发展。这不仅要求企业具备强大的市场适应能力，还需要不断改进产品和服务，以维持和扩大市场份额。

3. 创新能力

在竞争激烈的市场环境中，创新是企业生存和发展的核心驱动力。混合所有制企业通过引入多方资本和资源，可以推动技术和管理的创新。管理层需要鼓励创新，支持研发投入，并推动新技术和新产品的开发，以保持竞争优势。

4. 税收义务

企业的税收贡献不仅影响其自身的财务健康，也对国家财政和社

会发展起着重要作用。合理纳税，确保税务合规，是企业履行经济责任的重要组成部分。企业应透明报税，避免税务风险，以维护企业的良好形象和稳定的经营环境。

5. 提升员工收入

员工是企业的核心资源，企业的财富要依托员工的努力工作。因此，员工也有权享受企业发展成果。企业应努力提高员工收入，帮助企业员工积累更多的财富。

（二）社会责任

混合所有制企业不仅关注经济效益，还需履行社会责任，具体包括环境保护、社会公益、员工权益保障以及法治建设等。

1. 环境保护

随着全球对环境问题的关注持续增加，企业需要积极采取措施减少生产过程中的环境污染。混合所有制企业应推进绿色生产，采用节能环保技术，减少碳排放，积极参与环保活动。通过这些措施，企业不仅能减少环境上的负面影响，还能提升其社会形象。

2. 社会公益

企业应主动参与社会公益活动，如教育资助、文化支持、卫生援助等。企业可以通过捐款、设立奖学金、支持社区建设等方式回馈社会。这些公益活动不仅能提升企业的社会声誉，还能促进社会和谐。

3. 员工权益

保障员工的合法权益是企业社会责任的重要内容。企业应为员工提供合理的薪酬和福利，注重员工工作环境的改善，尊重员工的个人发展需求。通过建立良好的企业文化，增强员工对企业的归属感和满意度。

4. 法治建设

企业在经营过程中应严格遵守法律法规，支持政府的法治建设。

诚实守信的经营行为，不仅能提升企业的社会形象，还能推动社会的法治进步。

（三）经济责任与社会责任的冲突与融合

在实践中，经济责任与社会责任间常常存在一定的冲突。例如，在追求利润最大化的过程中，企业可能会选择低成本但对环境有负面影响的生产方式。这种情况会导致企业短期经济利益与长期社会责任间的矛盾。为解决这种冲突，企业应通过以下方法寻求二者的平衡：

1. 长期战略规划

企业需要将社会责任纳入长期战略规划，通过制定明确的社会责任目标，并将其融入企业整体战略中，以实现经济效益与社会责任的协调发展。

2. 绿色技术应用

企业可以通过引入绿色技术和创新管理方式，来降低环境污染，同时提高生产效率。例如，采用节能环保的生产工艺，不仅能减少环境污染，还能降低运营成本，实现经济效益和社会责任的双赢。

3. 政策引导

政府可以通过制定激励政策，如税收减免和补贴，鼓励企业承担社会责任。社会监督则能促使企业在追求经济利益的同时，更加注重履行社会责任，使二者形成良性循环。

四、客观业绩评价与主观业绩评价

（一）客观业绩评价的局限性

客观业绩评价依赖于财务数据和量化指标，虽然具有较强的可操作性，但也存在一些局限性，例如以下几个方面。

1. 指标不完全性

客观指标如利润、成本等，均无法全面反映企业的实际经营情况和管理层的真实贡献。企业的复杂任务和目标往往不能通过单一的财务指标来完全体现。

2. 不可合约性

一些经营者的贡献和行为难以通过客观指标来衡量。例如，人事管理、组织协调等非财务工作，就无法用客观数据来准确描述。

3. 任务多维性

经营者通常涉及多项任务，客观指标往往只能反映某些方面的成果，而忽视其他重要任务。偏重客观指标，可能导致经营者将精力集中于易于观测的任务，忽略其他重要工作，影响企业的整体目标实现。

（二）主观业绩评价的概念与作用

主观业绩评价通过评估经营者的综合表现，弥补了客观评价的不足。其主要优点包括：

1. 全面性

主观评价可以综合考虑经营者在多个任务上的表现，避免仅依赖客观指标带来的激励偏差。例如，企业的竞争力和创新能力往往难以通过量化指标来衡量，而主观评价则能够全面评估。

2. 灵活性

主观评价具有较强的灵活性，能够根据实际情况调整标准，适应不同任务和环境的变化。这有助于企业在多任务环境中实现协调发展，确保各项任务的全面推进。

3. 隐性激励

主观评价可以结合一些隐性激励，如市场声誉和个人声誉，用以提升经营者的长期表现和个人价值，有利于企业的整体发展。

混合所有制国有企业在管理层业绩评价中，需要综合考虑经济责任与社会责任的平衡，并有效结合客观与主观业绩评价，以提升对管理层的激励效果，实现企业短期利益与长期效益、经济责任与社会责任的协同，进而提升企业的整体绩效。

第三节　业绩评价指标体系

业绩评价指标是衡量和评估经营者绩效的具体内容。为了确保评估的全面性和客观性，本书将业绩评价指标体系分为客观业绩指标和主观业绩指标两类。这一划分旨在全面反映经营者在实现企业战略目标方面的表现，克服单一指标评价可能带来的不足。

一、客观业绩指标

客观业绩指标基于可被第三方验证的实际经营成果，通常能被契约双方认可，且传统上企业绩效评价也主要依赖财务指标。然而，随着管理理论的发展，结合财务与非财务指标的评价方式被应用得日益广泛，可以为企业提供更加全面的绩效评估。

（一）财务指标

财务指标是传统业绩评价中不可或缺的部分，主要包括：

1. 会计指标

会计指标如净收益、净资产收益率、利润增长率、所有者权益比率等，反映企业的财务健康和经营成果。其中，净收益被视为体现企业经营成效的核心，其他会计指标则用以帮助评估经营者在财务管理中的综合能力。例如，净资产收益率（ROE）可以衡量经营者在利用股东权益方面的效率，利润增长率则显示了企业盈利能力的增长趋势。

2. 市场指标

市场指标如股票价格和市值，可以有效反映经营者的决策对企业未来现金流的影响及其带来的回报。股票价格作为业绩评价的标准，能够直观地体现经营者对企业净收益的贡献。尽管股票价格会受市场波动的影响，但长期表现往往仍能反映出经营者运营企业的实际效果。

3. 经济增加值（EVA）

EVA 是税后净营业利润与资本成本之间的差额，体现企业的资本使用效率。它被视为股东财富最大化的核心指标，因为它计算了企业的真实经济利润，即在满足债务资本和权益资本投资机会成本后的剩余利润。EVA 的计算公式为：

$$EVA = 税后净营业利润 - 资本费用 \tag{7-1}$$

其中，税后净营业利润等于营业利润减去所得税，资本费用等于投入资本乘以加权平均资本成本，投入资本则为负债加上所有者权益。EVA 消除了传统利润计算中对债务资本和所有者资本差别对待的偏差，提供了更为公平的利润评估方法。

基于企业的战略目标，财务指标还可能包括销售收入、人均利润、资本收益率、总资产利润率、净资产收益率、销售成本和资产负债率等，这些均可看作财务评价的补充依据。

（二）非财务指标

单纯依赖 EVA 可能导致经营者追求短期低风险项目，忽视长期战略投资。因此，企业需要引入非财务指标作为补充，以平衡短期与长期目标间的冲突。

结合平衡计分卡的理念，非财务指标应以企业战略目标为基础进行设定。以生产型企业为例，其非财务指标主要包括：

（1）创新能力：包括专利数量、研发费用和新产品开发周期等。创新能力能够反映企业在技术进步和产品开发方面的投入，直接影响企业的长期竞争力。

（2）经营流程：包括产品合格率、存货周转率和经销商增长率等。优化经营流程有助于提升企业运营效率和产品质量。

(3) 客户服务：包括产品种类、产品返修率和及时交货率等。高水平的客户服务能够增强客户满意度，促进企业的市场扩展。

(4) 市场状况：包括市场占有率和区域代理数量等。市场状况指标可以反映企业在市场中的竞争地位及其扩展能力。

(5) 品牌建设：包括品牌数量、品牌认知度和品牌价值等。强大的品牌建设有助于提升企业的市场认可度和客户忠诚度。

表 7－1 展示了这些非财务指标的具体内容，将这些指标与财务指标结合使用，可以更全面地评估经营者的整体绩效。

表 7－1　　客观业绩评价的非财务指标

战略目标	关键因素	业绩评价指标
提高服务质量和经营效率	创新能力	专利数量、研发费用、新产品开发周期
	经营流程	产品合格率、存货周转率、经销商增长率
	客户服务	产品种类、产品返修率、及时交货率
面向客户，开拓市场	市场状况	市场占有率、区域代理数量
	品牌建设	品牌数量、品牌认知度、品牌价值

二、主观业绩指标

主观业绩指标作为对客观业绩指标的补充，主要针对那些难以通过客观手段衡量的绩效，或用于弥补客观业绩评价的不足，使整体评价更加全面。主观业绩评价不仅建立在客观业绩的基础上，还通过主观判断进一步扩展了评价维度。主观业绩指标主要包括：

(1) 战略完成情况：对企业战略目标完成的整体评价，通常由所有者和专家进行评估。这一指标用以评估经营者是否能够有效执行企业战略计划，实现预期目标。

(2) 企业竞争能力：企业在同行业中的竞争地位，由所有者和专家进行评估。该指标反映了企业在行业中的市场地位和竞争优势。

（3）企业创新能力：企业的研发力量和相对水平，由专家进行评估。这一指标考察企业在创新方面的投入和成果，包括技术研发和产品创新等。

（4）客户满意度：客户对企业产品或服务的满意程度，由企业客户进行评估。客户满意度能够反映企业的市场声誉和客户服务质量。

（5）员工满意度：企业员工对经营者管理的满意程度，由全体员工进行评估。员工满意度可以揭示企业内部管理的有效性和员工的工作环境情况。

表7－2展示了这些主观业绩评价指标。对于那些难以通过客观指标明确设定的绩效项目，主观业绩指标提供了很好的补充。在主观评价过程中，为减少个人偏见对最终评价结果造成影响，通常可引入多方评价机制以提高评价的公正性和可靠性。根据委托—代理理论，经营者的绩效评价越高，所获得的收益也会更高。因此，企业所有者在主观业绩评价中可能存在道德风险，可能会故意压低评价以减少经营者的收益份额。为确保主观业绩评价的公平性和客观性，建议聘请专业领域的独立专家参与评价。

表7－2　　主观业绩评价指标

评价指标	指标说明	评价者
战略完成情况	企业战略目标完成的整体评价	所有者、专家
企业竞争能力	企业在同行业中的竞争地位	所有者、专家
企业创新能力	企业的研发力量和相对水平	专家
客户满意度	客户对企业产品或服务的满意程度	企业客户
员工满意度	企业员工对经营者管理的满意程度	全体员工

结合客观和主观业绩指标的业绩评价，能够更加全面地反映经营者的整体绩效，并促进企业战略目标的实现。这种多维度的评价体系不仅克服了单一指标的局限性，还能更准确地评估经营者的实际贡献。

三、社会责任指标

社会责任评价是现代企业管理中不可或缺的部分，它反映了企业在追求经济效益的同时，如何承担起对社会、环境以及利益相关者的责任。在全球化和可持续发展观念日益深入人心的背景下，社会责任已从企业的附属活动逐渐转变为核心战略之一。企业的社会责任不仅影响其声誉和市场竞争力，更是评价其长期可持续性的重要标准。近年来，随着 ESG（环境、社会和治理）理念的广泛传播，社会责任评价的标准和方法也在不断完善，促使企业更加系统地衡量并披露其社会责任表现。

社会责任评价指标通常涵盖环境、社会、治理三个方面，形成多维度的综合评价体系。环境指标主要关注企业在资源消耗、污染排放、生态保护等方面的表现，如碳足迹、水资源管理和废弃物处理等。社会指标则涉及企业对员工、消费者、社区的责任，包括劳动条件、安全生产、产品责任和社区参与等方面。治理指标则关注企业的内部管理结构和决策过程，如董事会构成、透明度、反腐败措施以及股东权益保护等。

社会责任评价指标涵盖多个维度，主要包括：

（1）环境管理：评价企业在减少资源消耗、污染排放和保护自然环境方面的表现。具体包括能源使用效率、碳足迹、水资源管理、废弃物处理和生物多样性保护等。

（2）员工权益保护：评价企业对员工的劳动条件、薪酬福利、职业发展和安全生产的保障情况。该指标关注企业是否为员工提供了公平的工作机会、良好的工作环境等。

（3）社区参与和发展：评价企业在所在社区的参与度和对社区发展的贡献。具体包括企业是否积极参与社区公益活动、促进当地经济发展以及是否提升了社区居民的生活质量。

(4) 产品责任：评价企业在产品设计、生产、销售和售后服务过程中的责任履行情况。该指标包括产品质量、安全性、用户隐私保护以及消费者权益保障等。

(5) 公司治理：评价企业的治理结构和决策机制的透明度和公正性。主要包括董事会构成、管理层薪酬、股东权益保护、反腐败措施以及信息披露的透明度等。

(6) 公平竞争与商业道德：评价企业在市场竞争中的公平性和对商业道德的遵循情况。包括企业是否遵守市场规则，防止不正当竞争行为，维护公平竞争环境，以及其诚信经营的程度等。(见表 7 - 3)

表 7 - 3　　社会责任评价指标

评价指标	指标说明	评价者
环境管理	企业环保情况和贡献	政府部门、专家
员工权益保护	员工对劳动保护和权益保护的满意度	政府部门、专家
社区参与和发展	社区工作的参与度和贡献	社区管理部门、专家
产品责任	消费者权益保护	消费者
公司治理	企业的治理结构和决策机制的透明度和公正性	股东
公平竞争与商业道德	市场竞争中的公平性和商业道德的遵循情况	公司客户、合作者

第四节　客观业绩与主观业绩相结合的评价方法

经营者的业绩评价不仅需要考虑其在实现企业战略目标方面的实际表现，还需适当整合客观与主观评价因素。构建一个全面的评价体系可以提高企业业绩评价的科学性与公正性，从而更好地指导企业决策和设计激励机制。

一、指标权重的确定

指标权重决定了各业绩指标在整体评价中的相对重要性。权重越大，说明该指标对最终评价的影响越显著。确定权重时企业需要综合考虑指标的重要性和可控性，其主要方法包括：

（一）专家法

专家法指通过专家对各指标的重要性进行打分来确定权重。专家法的步骤包括：

（1）初轮打分：专家对每项指标的重要性进行评分，通常使用五级评分系统（非常不重要、不重要、一般、重要、非常重要）。

（2）讨论与复审：第一轮打分后，统计结果会被讨论，专家可能会调整评分，进行第二轮打分。

（3）归一化处理：将每项指标的得分进行归一化处理，使所有指标的权重总和为1。

专家法的优点在于操作简便，但由于权重由专家主观确定，因此结果可能受到专家知识水平和经验的影响。为提高权重的科学性和可靠性，应选择具有广泛代表性和权威性的专家。

（二）层次分析法

层次分析法（Analytical Hierarchy Process，AHP）是一种系统化的决策方法，由托马斯·萨蒂（Thomas Saaty）教授于20世纪70年代提出。其核心思想是通过将复杂系统分层次排列，并对各层次的相对重要性进行定量分析来确定每个因素的权重。AHP的步骤包括：

（1）构建层次结构：将评价体系分为目标层、准则层和指标层。

（2）相对重要性打分：通过对每一层次中各因素的相对重要性

进行配对比较，使用标度体系（如 1—9 标度法）给出相对重要性评分。

（3）计算权重：利用数学方法计算各因素的权重，并进行一致性检验，以确保评价结果的合理性。

AHP 的优势在于其系统化和定量化，但实施过程中需要确保数据的准确性和一致性。

二、指标评价方法

在经营者业绩评价中，财务指标、非财务指标和主观业绩指标的评价方法的设计应有针对性，以确保全面反映经营者的实际绩效。

（一）客观业绩指标的评价分值

财务指标和非财务指标均为量化指标，通常需要设置具体的目标值。指标的得分可以根据实际完成率来确定。完成率是指实际完成值与目标值的比率，其计算方法如下：

$$\text{指标的完成率} = \frac{\text{该指标的实际完成值}}{\text{该指标的目标值}} \tag{7-2}$$

指标完成率作为指标得分的基础，一个常用的计算方法是直接作为得分。具体计算方式为：

$$\text{指标的分值} = \text{该指标的完成率} \times 100 \tag{7-3}$$

总的评价得分 = 总绩效分值 = $\sum$ 单项指标得分 × 指标权重，即总绩效分值由单项指标得分加权平均得到。

（二）主观业绩指标和社会责任指标的评价分值

主观业绩指标和社会责任指标通常涉及难以量化的绩效部分，因此需要设定评价等级。常见的评价等级包括优秀、良好、合格、较差、很差，每个等级分配相应的分值区间（见表7-4）。评价者根据这些标准对指标进行打分。

表7-4　　评价等级对应的分值区间

绩效指标完成情况	优秀	良好	合格	较差	很差
指标评价分值（分）	90~100	80~89	70~79	60~69	0~59

具体的分级和分值区间应根据实际情况和指标的难度进行调整。主观业绩评价应结合多个评价者的意见，以减少个体偏见的影响。

（三）分值的计算

综合评价计算要考虑客观业绩指标、主观业绩指标和社会责任指标的综合影响。最简单的方式就是根据权重进行加权平均。考虑到企业目标的多样性和复杂性，可以增加调整系数，对指标得分进行修正。调整系数的确定应综合考虑企业的战略目标和指标结构。调整系数存在的意义在于在考核方案相对固定的情况下，可以根据企业战略和内外部环境的变化对某些指标的权重加以微调。比如某年度的环保形势严峻，环保指标变得更加重要时，可以将环保指标的调整系数确定为1.5，这相当于将环保指标的权重提升了50%。

调整后的指标权重计算公式为：

$$\text{调整后的指标权重} = \text{指标权重} \times \text{调整系数} \quad (7-4)$$

经营者业绩的综合评价公式为：

$$\text{经营者业绩的综合评价} = \text{各类指标得分} \times \text{调整后的指标权重} \quad (7-5)$$

该综合评价体现了经营者的整体产出成果，是决定经营者报酬及进行奖惩的关键依据。通过将客观业绩指标、主观业绩指标和社会责任指标相结合，以及对指标权重适当进行调整，可以确保评价结果的全面性、准确性和有效性。

本章小结

在混合所有制改革背景下，国有企业的管理层展现出独特特点，对激励机制设计产生着重大影响。管理层通常由不同背景的人员组成，这种多样性增加了决策和策略制定的复杂性。管理层必须平衡国有股东的资产保值增值要求与非国有股东的经济效益期望，这也让企业的资源配置和战略制定更具挑战性。因此，混合所有制国有企业的激励机制设计需要综合考虑经济责任与社会责任，以满足不同股东的需求。业绩评价应关注经济与社会责任间的平衡，将客观业绩评价、主观业绩评价和社会责任评价相结合，实现对管理层的全面评估。

第八章　混合所有制国有企业员工持股机制

混合所有制改革作为我国国有企业改革的重要内容，核心目标是通过引入多元资本结构，增强企业的市场竞争力和经营活力。在这一背景下，员工持股制度被视为激发员工积极性、提高企业治理水平的重要举措。然而，在实际操作中，员工持股制度也存在激励机制不足、利益分配不均、法律保障缺乏等一系列问题，导致其在实践中未能充分发挥应有的作用。因此，本章将在梳理员工持股制度实施现状的基础上，结合具体案例，深入探讨其在混合所有制企业中的应用效果及存在的主要问题，并从制度设计、政策支持等多个角度提出优化路径建议，以期为混合所有制国有企业进一步完善并推广员工持股制度提供参考与借鉴。

第一节　我国混合所有制企业持股制度的发展历程

我国的员工持股制度与国有企业改革紧密相关，并且经历了与改革同步的演变过程。这一制度最初源于国营企业内部员工的集资入股，随后在地方政府推进国有企业改革时得到了发展，最后在上市公司管理层收购过程中实现了突破。

这个过程可以分为四个主要阶段：一是集资型员工持股阶段（1984—1993 年），这是初步尝试员工持股的时期，企业通过员工集资形成股份，但由于缺乏系统的制度保障，面临一定的管理和执行问题。二是正规型员工持股阶段（1993—2002 年），国家逐渐出台相关政策法规，使员工持股趋于规范，企业在股权激励方面进行了更深入的探索。三是激励型员工持股阶段（2003—2012 年），标志着员工持股制度进一步成熟。企业通过持股计划将其作为激励员工积极性的工具，形成了更完善的管理机制。四是综合型员工持股阶段（2013 年至今)，这一阶段的特点是制度的进一步完善和深化，企业不仅关注股权激励的效果，还着力构建利益共享和长期稳定的企业文化。

这四个阶段展现了我国混合所有制企业在员工持股制度上的逐步发展，从初期的尝试，到逐渐规范和多元，最后走向成熟与稳定，成为国有企业改革的重要组成部分。

一、集资型混合所有制企业员工持股阶段

集资型混合所有制企业员工持股制度的起步可以追溯到1984年，当时国家体制改革委员会发布的《城市经济体制改革试点工作座谈会纪要》为员工持股制度奠定了政策基础。该纪要提出要进一步放开集体企业和国营企业的管理，激发企业活力，允许员工投资入股并参与年终分红。这一政策的推出标志着我国员工持股制度的正式开启，并为混合所有制企业的发展创造了有利环境。随后的股份制改革，尤其是1984年7月北京天桥百货股份有限公司的股份制改造，成为这一政策实践的重要案例。北京天桥百货股份有限公司通过股份制改造实现了股权结构的多元化，最终成为混合所有制企业的做法迅速在全国范围内推广。根据《中国经济体制改革年鉴》（1992）的数据，在20世纪80年代的3200多家股份制试点企业中，员工持股企业的比例超过85%，员工持股总金额接近3亿元，占股份制试点企业总股本的约20%。

在这一阶段，集资型混合所有制企业的员工持股制度主要目的在于通过员工集资筹集资金，从而支持企业发展和扩大再生产。员工持股的方式不仅允许员工单独行使其所持的股权，还可以通过员工持股会、工会等第三方组织代表行使股权。这种做法既提升了员工参与企业经营的积极性，也为企业带来了所需的资金支持。然而，这一制度在实施过程中也暴露出了一些问题，特别是与西方发达国家的员工持股制度相比，这一阶段的制度未能完全实现资本所有者与劳动所有者

利益共同体的理念。一些试点股份有限公司在员工持股过程中出现了超范围、超比例发行股份，或以法人名义购买股份后转让给个人，以及内部员工持股权证的非法交易等现象。这些问题严重影响了股份制试点企业的运营和收益，产生了许多社会问题。

具体来说，股份制国有企业在推行内部员工持股过程中，存在着职工股超比例、超范围，以及关系股和权利股不断涌现等问题。这些问题不仅对股份制试点造成了负面影响，还引发了社会的不满和监管的关注。正是由于这些问题的积累，集资型混合所有制改革于1994年被终止。

总之，这一阶段的员工持股制度虽在理论上和初期实践中取得了一定的进展，但在实际操作中面临着诸多挑战，未能实现预期的资本和劳动利益的统一。

二、正规型混合所有制企业员工持股阶段

正规型混合所有制企业员工持股阶段从1993年延续至2002年。在这一阶段，混合所有制企业和员工持股制度首次被纳入国家政策文件，并开始规范化。此时期的“正规型”特征首先表现在混合所有制及员工持股制度获得了明确的政策支持。其次，我国的混合所有制企业在此阶段积极借鉴和吸收了国外推行的企业员工持股制度的经验，实现了员工对企业剩余索取权的分享。尽管如此，由于中央政府尚未出台正式的政策文件，实际的制度推进主要依赖于地方政府的探索与实践。

在这一阶段，混合所有制企业员工持股制度的推进经历了两个重要的标志。首先，1993年11月，中共十四届三中全会通过的《中共中央关于建立社会主义市场经济体制若干问题的决定》中首次提到了“混合所有制经济”，并指出随着产权流动和重组，将形成新的财产所有结构。这一决策为混合所有制企业员工持股制度提供了理论支

持和政策依据。其次，1994 年实施的《中华人民共和国公司法》进一步明确了股份有限公司的相关规定，为国有企业通过建立现代企业制度、规范公司组织行为、推进股份化等形式实施员工持股制度奠定了坚实的制度基础。

地方政府在这一阶段也发挥了积极作用。以深圳市为例，作为全国改革开放的先锋，深圳在 1994 年成立了企业制度改革领导小组，发布了包括《关于内部员工持股制度的若干规定（试行）》在内的 13 个政策文件，推动了国有企业的现代企业制度建设。深圳市的金地公司等混合所有制企业在员工持股制度的实施上取得了巨大成功，实现了劳动者与资本的有效结合，并极大地调动了员工的积极性。到 1997 年年底，根据深圳市委、市政府的试点工作部署，深圳市内部员工持股企业和正在改制中的企业分别达到了 57 家和 110 家。

这一阶段的员工持股制度的主要特征包括：首先，地方政府的积极探索推动了这一阶段的形成，但由于推广范围有限，未能在全国范围内广泛实施，制约了混合所有制企业员工持股制度的全面推广。其次，尽管在这一阶段员工持股制度得到了规范，但股票上市后的抛售问题依然存在，员工可能会抛售股票以获取短期利益，使制度的基础仍不够稳固。

1998 年 11 月，我国证监会发布了《关于停止发行内部职工股的通知》（以下简称《通知》），明确规定股份有限公司公开发行股票时不再发行公司职工股。对于尚未发行的内部股份和已发行的公司职工股，《通知》要求按照现行政策执行。这一措施标志着以地方政府探索为主的正规型混合所有制企业员工持股阶段的员工持股制度再度暂停，也反映出制度在实践中面临严峻挑战和较多棘手的问题。

三、激励型混合所有制企业员工持股阶段

激励型混合所有制企业员工持股阶段从 2003 年持续至 2012 年。

与前两个阶段的短期化倾向明显不同，这一阶段的特点是注重长期激励和管理层激励。在此期间，中国政府在政策层面和国有企业实践中不断深化员工持股制度，标志着混合所有制企业进入了一个新的发展阶段。

（一）激励型混合所有制企业员工持股制度的推进

2002年10月，中共第十五次全国代表大会上，时任国家主席江泽民在报告中提出："除极少数必须由国家独资经营的企业外，积极推行股份制，发展混合所有制经济。"这一声明不仅明确了国有经济结构调整的方向，还为混合所有制企业推进员工持股制度奠定了政策基础。这一阶段的核心是以管理层为主体的员工激励，通过多种途径使管理层获得国有企业的股权，以实现对其的激励效果。

2006年9月，为完善国有控股上市公司的法人治理结构，并建立健全国有控股上市公司激励与约束相结合的中长期激励机制，国务院国资委和财政部联合发布了《国有控股上市公司（境内）实施股权激励试行办法》（以下简称《办法》）。《办法》对国有控股上市公司实施股权激励的方式、对象、条件、授予数量和价格等进行了详细规定，为混合所有制企业推进员工持股制度提供了明确的指导。这一政策显著推动了国有控股上市公司在员工持股制度方面的实践，标志着该制度从地方探索向全国推广的转变。

（二）激励型混合所有制企业员工持股制度的特征

1. 激励导向的目标

这一阶段的员工持股制度旨在激励员工，给予员工股权，以建立利益共同体。这一阶段的员工持股制度通过设置严格的持股期限，实现了员工与混合所有制企业之间的利益协同，使员工的工作热情与企业的表现紧密相连，从而提升了员工的积极性和工作绩效。这种以激励为导向的目标，确保了员工在企业长期发展的过程中能够发挥关键作用。

2. 对象的精准定位

在这一阶段，员工持股的对象主要集中在关键管理层和技术人员。2006 年发布的《国有控股上市公司（境内）实施股权激励试行办法》明确排除了普通员工持股，规定股权激励对象应限于“上市公司董事、高级管理人员及对上市公司整体业绩和持续发展有直接影响的核心技术人员和管理骨干”。持股对象的精准定位确保了股权激励的有效性，将资源集中在了对企业业绩和发展具有关键影响的人员身上。

3. 政策的针对性

这一阶段的政策措施更加具有针对性。与早期的广泛适用不同，这一时期的法律法规和政策也聚焦于国有企业及国有控股上市公司，反映出国有企业改革的举步维艰。

因此，这一阶段的员工持股制度在政策和实践上都表现出显著的转变，以长期激励和管理层激励为核心，但同时也面临政策调整和制度实施的困境。

四、综合型混合所有制企业员工持股阶段

2013 年，中共十八届三中全会发布《关于全面深化改革若干重大问题的决定》，首次明确提出“允许混合所有制经济实行企业员工持股制度，形成资本所有者和劳动者利益共同体”。这一政策不仅将“混合所有制”与“企业员工持股制度”首次结合，也标志着我国进入了新的综合型阶段。在这一阶段，混合所有制企业员工持股制度超越了集资型阶段的资金募集需求，综合了正规型阶段的短期激励和员工福利提升目标，同时考虑了激励型阶段对管理人员和技术人员的长期激励。

（一）综合型混合所有制企业员工持股制度的推进

2015 年 9 月，中共中央和国务院分别发布《中共中央、国务院关于深化国有企业改革的指导意见》和《国务院关于国有企业发展混合所有制经济的意见》，标志着我国国有企业改革的全面启动，并为国有企业发展混合所有制经济及推动员工持股制度提供了系统的顶层设计。特别是在促进资本市场健康发展方面，2014 年国务院出台《关于进一步促进资本市场健康发展的若干意见》，旨在完善多层次资本市场体系，拓宽融资渠道，优化资源配置，推动经济转型升级，为资本市场建设提供了重要的政策支持。

在党中央和国务院的政策指导下，为规范和有序推进上市公司实施员工持股制度，证监会于 2014 年发布了《关于上市公司实施员工持股计划试点的指导意见》。该指导意见详细规定了员工持股计划的基本原则、主要内容、实施程序、信息披露、监督和管理等，为包括国有控股上市公司在内的上市公司建立劳动者与资本所有者利益共享机制、改善治理水平、提高员工凝聚力和竞争力、优化社会资金配置等方面提供了重要指导。2016 年 8 月，国务院国资委、财政部和证监会联合发布《关于国有控股混合所有制企业开展员工持股制度试点的意见》，进一步明确了试点工作的基本原则、试点企业条件、员工入股要求、股权管理规则和实施细则，推动了国有控股混合所有制企业员工持股制度的深入发展。

（二）综合型混合所有制企业员工持股制度的基本特征

1. 强化政策创新

这一阶段，“混合所有制”与“企业员工持股制度”的首次结合，标志着国家对混合所有制改革的重视。党中央和国务院提出的深化国有企业改革和推进混合所有制改革的指导意见表明，这一阶段的重要特征在于将混合所有制企业改革的顶层设计与员工持股制度紧密结合，反映了国家层面对混合所有制企业员工持股制度的高度重视。

2. 与经济改革紧密结合

这一阶段，员工持股制度与混合所有制经济改革的结合越来越紧密。政策文件直接体现员工持股制度与混合所有制经济改革的关联，说明在这一阶段，员工持股制度与混合所有制经济改革的融合程度在加深，二者相互促进，共同推动着企业的改革发展。

3. 目标更加多元化

这一阶段的目标更加多元化和综合化。除了涵盖资金募集、利润分享和员工激励这三个主要目标外，还包括完善国有企业治理体系和推动国有企业改革与改制。在这一阶段，员工持股制度的实施不仅要提升企业绩效，还要求推动企业结构优化并提升治理水平。

4. 进程中的探索

这一阶段的员工持股制度现在仍在推进当中。虽然政策和制度框架已基本建立，但员工持股制度的开展仍然是一个长期探索的过程。在党中央和国务院的顶层设计指导下，随着我国混合所有制企业改革的深入推进，员工持股制度有望取得长足的发展。

第二节　发达国家持股制度的经验借鉴

一、美国员工持股制度

美国的员工持股制度主要分为杠杆型和非杠杆型两种。

（一）杠杆型员工持股制度

杠杆型员工持股制度由路易斯·凯尔首创，主要利用金融杠杆来实现员工持股。具体实施过程如下：公司设立一个员工持股信托基金会（Employee Stock Ownership Trust，ESOT），并通过公司担保向银行或其他金融机构申请贷款，用于购买公司股票。公司从利润中提取资金按预定比例偿还贷款和利息。

在这一模式中，股票最初被放入信托基金会，而非直接分配给员工。信托基金会持有这些股票，代表员工在公司中的所有权。在贷款和利息全部偿清之前，股票不会分配给员工。偿还完毕后，股票才会转移至员工的个人账户。

杠杆型员工持股制度的优势在于，员工无须直接投入资金即可参与持股，通过公司借贷的方式实现股权分配。这种模式不仅有效分散了风险，还减轻了员工的经济压力。然而，公司需要具备强大的财务实力和稳定的盈利能力，以确保能够按时偿还贷款和利息。该制度在美国许多成功的企业中得到应用，例如一些大型公司利用这一机制广泛分配员工股权，从而提高了员工的工作积极性和对公司的忠诚度。

（二）非杠杆型员工持股制度

非杠杆型员工持股制度与杠杆型制度不同，它不依赖于外部借贷，而是通过其他方式将股票或现金直接分配给员工。公司成立员工持股委员会（Employee Stock Ownership Committee），负责设立和管理员工的股票账户，并按照公司内部的股权激励计划操作。

公司每年向员工持股委员会提供一定数量的股票或用于购买股票的现金，委员会再使用这些资源购买股票，并分配给符合条件的员工。这种方式无须增加公司的债务负担，可直接实现股权分配。

在这种模式下，股票通常以股票红利的形式分配，作为对员工的奖励，不仅激励了员工的工作热情，还增强了他们对公司的忠诚度。员工持股委员会负责管理这些股票，并根据公司制定的条款进行分配。如果员工持股委员会无法按照约定归还公司提供的股票或现金，这些股票将直接归员工个人所有。这种安排让员工能够直接持有公司股权，激励效果更加显著。

非杠杆型员工持股制度的特点在于无须员工直接进行资金投入，公司通过股票奖励直接向员工提供股权。这种方式减少了对金融杠杆的依赖，注重员工的激励和福利。相比之下，这种模式的筹资导向较弱，主要关注通过股权激励提升员工的工作积极性和公司的绩效。

总之，美国员工持股制度通过杠杆型和非杠杆型两种形式，显著提高了员工的积极性并增强了企业的凝聚力。杠杆型制度通过借贷机制让员工在不直接投资的情况下持有公司股票，非杠杆型则通过直接分配股票来激励员工。两种形式各有优缺点，企业可根据实际需求和财务状况选择适合的模式，以促进公司发展和让员工长期忠诚于企业。

二、英国员工持股制度

英国的员工持股制度比较多样化，主要包括股票分配计划、收入储蓄计划和股票期权计划。这些制度通过不同的机制实现员工的持股目标，并在激励员工方面发挥了重要作用。

（一）股票分配计划

股票分配计划，又称利润分享制，是一种将公司部分利润以股票形式分配给员工的制度。通过这一计划，企业利用经营利润的一部分购买公司股票，并将这些股票分配给符合条件的员工，以实现员工持股。公司通常会从税前利润中提取一定比例的资金用于购买股票。根据1989年的统计数据，英国约有900家公司实施了这种计划，涉及的员工达到225万人。这种制度不仅使员工能够直接分享公司的经济成果，还增加了员工的财富积累，增强了他们对公司成功的认同感和参与感。

（二）收入储蓄计划

收入储蓄计划是英国在1980年通过的财政法基础上建立的一种

员工持股制度。该计划允许员工通过定期储蓄收入来购买公司股票，且在员工未出售这些股票之前，相关收入享有免税待遇。员工在合同期内有权选择是否行使认股权，若选择不行使，可自由提取积累的储蓄且不受限制。这一制度不仅提供了一种灵活的持股方式，还通过税收优惠减轻了员工的财务负担，使他们能够在较低的风险下参与公司股权投资。

（三）股票期权计划

股票期权计划，也称行政股份选择计划，是一种允许员工在未来某个时间点以预定价格购买公司股票的制度。该计划基于英国 1984 年的财政法设立，规定了股票期权的实施细则。通常，企业董事会决定哪些员工有资格获得股票期权。获得股票期权的员工在三年内通常不能行使该权利，但必须在十年内完成行使。通过这一机制，员工能够在未来以较低的价格购买公司股票，且在股票增值后获得收益。此外，英国政府为通过股票期权计划获得的收益提供所得税减免优惠。这不仅让员工乐于对企业做出长期奉献，也通过税收优惠增强了他们的持股意愿和参与度。

综上所述，英国的员工持股制度通过股票分配计划、收入储蓄计划和股票期权计划三种主要形式，为员工提供了不同的激励机制和持股方式。每种形式在满足公司激励需求的同时，也保护了员工的财务利益，促进了公司与员工之间的利益共享和长期合作。这些制度的多样性和灵活性使员工持股不仅成为一种经济激励工具，更成为公司文化的一部分，推动了企业的稳定和可持续发展。

三、日本员工持股制度

日本的员工持股制度具有多方面的特征，包括资金来源、管理操作、退出机制以及政府的作用等。这些元素共同构成了日本独特的员工持股模式。

（一）资金来源

日本的员工持股计划的资金主要来源于员工自身的奖金和工资。员工的出资方式分为两种：一是通过奖金出资，即从每年的年中和年末奖金中定期扣除一部分资金用于购买公司股票；二是通过月度积累方式，即从每月工资中直接扣除一部分资金进行股票投资。这两种灵活的出资方式为员工参与持股计划提供了多样化的选择，旨在鼓励更多员工成为公司股东。

（二）管理操作

为确保员工持股计划的有效实施，日本公司通常会设立员工持股会。员工持股会主要管理持股相关事务，包括办理员工的入会和退会手续、保管股票、计算持股比例以及管理购买股票的资金等。此外，员工持股会还设有理事会，理事长代表员工持股会参与公司的股东大会，并在决策过程中行使投票权。这一机制确保了员工的利益能够在公司治理中得到充分体现，使员工不仅是公司的职员，也是公司的利益相关者。

（三）员工持股的退出机制

日本的员工持股退出机制根据公司是否上市而有所不同。在上市公司中，当员工决定退出持股会时，若其持股量超过 1000 股，可以选择将这些股票提取至个人账户。若其持股数量少于 1000 股，可以选择按照市价进行现金退出，确保其在离职时能以市场价格兑现持股价值。

在非上市公司中，不论持股数量多少，员工退出时均通过“红利还原法”进行，即按照股份的基准分红率将持股转换为现金。这种方法为非上市公司员工提供了一个相对公平且稳定的退出机制，即使在公司流动性较低的情况下，也能有效保障员工的利益。

（四）政府的角色

在日本，政府主要通过法律法规对员工持股制度进行规范，而非提供额外的财政激励。政府的政策立场是基于经济学基本原理，避免通过税收优惠或补贴等措施对市场产生不必要的干预。这种做法旨在保持市场的公平性和有效性，促进员工持股制度的健康发展。

通过不提供额外的政策干预，日本政府确保了员工持股制度能在一个公平的市场环境中运作，强调内部管理和市场机制的优化。这种政策中立性有助于维持制度的稳定性和可持续性，使其成为公司治理和员工激励的重要组成部分。

总之，日本的员工持股制度通过多元化的资金来源、规范的管理操作和灵活的退出机制，为员工提供了成为公司股东的机会。政府的中立性政策进一步保证了制度的公平性和可持续性，使员工持股成为促进公司与员工之间长期合作的有效工具。

四、对我国员工持股制度的启示

（一）构建员工持股制度法律支撑体系

自 20 世纪后半叶以来，美国的员工持股制度得到了迅速发展，这与美国政府不断增加的支持力度密切相关。美国国会相继颁布了若干重要法律法规，如 1974 年的《工人收入保障法》、1980 年的《克莱斯勒贷款法案》、1984 年的《直接减税法》和 1986 年的《税收改革法》等。这些法律法规在政府政策和税收方面明确规定了推进员工持股制度的措施，有效地促进了这一制度在美国的发展。除了联邦政府的法律支持外，各州政府也制定了一些相关的法律规范，对完善美国员工持股制度的法律体系发挥了重要作用。

与此相对，我国在员工持股制度的推进上相对较晚，尚未形成一个完善的法律体系。因此，中央政府及各级地方政府需要借鉴美国的经验，进一步制定相关法律规范，形成全国性及地方性相结合的员工持股制度的法律法规体系。这一体系应当为员工持股制度的发展提供法律法规保障，并引导其在我国良性运行，以确保员工持股制度能够在中国的经济和社会环境中得到规范发展。

（二）结合具体国情，建设适应国情的员工持股制度

英国员工持股制度的成功推进有坚实的理论基础支持，而中国在推进员工持股制度时同样需要相应的理论支撑。考虑到中国的社会主义国家性质及其独特的社会制度，中国的员工持股制度应当体现社会主义核心价值观，促进企业与员工之间的利益共享。员工持股制度应当通过股权分配使员工能够分享企业发展的成果，从而增强员工的归属感和积极性。

此外，中国特色的员工持股制度还应为参与的职工提供充分的激励措施，以促使员工更积极地参与企业的发展。通过有效的激励措施，员工的工作热情将得到提升，从而推动企业持续健康发展。因此，构建具有中国特色的员工持股制度需要综合考虑社会主义市场经济条件下的实际情况，制订切实可行的实施方案，以促进企业和员工的双赢局面。

（三）促进员工持股制度与国有企业改革的协同

在英国，员工持股制度是国有企业改革的重要组成部分，国有企业的私有化改革为员工持股制度的实施提供了契机。同时，员工持股制度也保障了国有企业私有化改革的顺利推进。英国的成功经验为我国在新时期推进国有企业多种所有制改革提供了宝贵的经验。

在我国，推进员工持股制度应当与国有企业改革紧密结合，根据企业的功能定位、人力资本特性等因素，对员工持股制度进行分类指导和有序推进。这样不仅能确保国有企业改革的成功，也能最大限度

地推动我国经济和社会的发展，实现国有企业与员工利益的双赢。

（四）因地制宜推行员工持股制度

尽管传统经济理论认为员工持股制度有助于提高劳动生产率和企业价值，但马尔丁（Mauldin，1999）指出，并非所有的员工持股制度都能带来生产率的提升。在美国，企业高层管理者可以参与员工持股制度，而在日本，这种制度则限制了高层管理者的参与。因此，在设计我国的员工持股制度时，需要因地制宜，结合我国的基本经济制度、经济发展阶段以及企业的具体情况进行探索。

总之，应根据我国的实际情况，设计适合我国国情的员工持股制度。需要综合考虑我国企业的经营特点、员工的实际需求以及政策环境，以制定出既符合经济规律，又能促进企业与员工共同发展的员工持股方案。确保员工持股制度的成功实施和有效运作。

第三节　员工持股对企业发展的作用

结合国内外企业的实践经验，员工持股制度在以下几个方面可以发挥积极作用。

一、促进企业利益与员工利益共同体建设

员工持股制度使员工既是股东又是劳动者，这样的双重身份可促使员工更加关注企业的经营业绩和长远发展。例如，美国西北航空公司在 1993 年面临破产危机时，引入员工持股制度，员工通过降低工资的方式来偿还公司债务，并购买公司 30% 的股权。员工持股会的法人代表进入董事会，参与公司日常经营管理，并提出了每年节省 1 亿美元的建议。通过这些改革，公司迅速改善了经营状况，股票也成

功上市。这不仅挽救了公司，还保护了员工，并提升了员工收入，实现了公司和员工的双赢。

二、帮助员工创造个人财富

党的二十大提出，坚持多劳多得，鼓励勤劳致富，促进机会公平，增加低收入者收入，扩大中等收入群体。员工持股制度使员工能够通过持有企业股份，长期稳定地获得分红及股份增值收益。这推动了按劳分配与按资分配相结合的分配制度改革，改善了企业对员工劳动报酬支付不足的现象，缩小了货币资本与劳动资本在投资回报上的差距。随着我国金融市场的繁荣，实施员工持股的企业在上市后通常能够为持股员工带来显著的股票增值收益。这不仅能帮助员工实现财富增长，还能提升他们的生活水平，同时增强他们对企业的忠诚度。

三、促进员工参与管理

员工参与管理是现代企业管理的重要组成部分，员工的自我意识和素质不断提高，他们也期望通过参与公司经营管理来实现自我价值。这种参与不仅有助于协调企业所有制、经营者与劳动者之间的关系，还能及时发现和解决企业存在的问题，从而提升企业的整体效益。此外，员工参与管理还能够带来更多的创意和建议，提高决策的全面性和有效性，进而提升企业的经营效率。

四、推动现代企业制度建设

根据《公司法》，由两个以上国有企业或其他国有投资主体共同投资设立的有限责任公司，其董事会成员中必须包括职工代表；对于其他类型的有限责任公司和股份有限公司，董事会成员中也可以包括职工代表。此外，所有有限责任公司和股份有限公司的监事会中，职工代表的比例不得低于1/3。这些规定为员工参与公司治理提供了法律保障。

在实施员工持股制度后，员工能够通过职工代表大会、职工大会或其他民主选举形式，选举代表参与股东大会，并进入公司董事会或监事会。这种参与机制使员工不仅能够行使股东权益，还能履行董事或监事的职责，有效监督公司领导的经营决策。这不仅增强了员工的责任感和企业归属感，还提升了公司治理的透明度和公信力。

通过员工的积极参与，企业能够更有效地落实依法治企的要求，确保公司运作符合法律法规，逐步建立现代企业制度。这种机制有助于建立更加完善的法人治理结构，增强企业的内部监督机制，进而提高公司治理效率和决策质量。

因此，员工持股制度不仅有助于优化企业治理结构，还为推动现代企业制度的建设提供了强有力的支持。通过员工的广泛参与和监督，企业能够在实现经济效益的同时，维护员工权益，促进企业的长期健康发展。这一制度的实施，真正为企业和员工创造了双赢的局面，并为企业的可持续发展奠定坚实的基础。

第四节　混合所有制国有企业员工持股体系的构建

一、员工持股的基本目标

从基本概念的角度出发，混合所有制企业员工持股制度的目标可以划分为四个层面：一是筹集生产运营所需资金；二是实现企业与员工的共同利益分享；三是激励员工的工作表现；四是增强员工对公司治理的参与感。

首先，员工持股制度通过建立一种“浮动工资机制”，使员工的收入水平与企业经营状况直接挂钩。这种机制可以有效提升员工的收入水平，同时使员工的收益与企业的绩效紧密相连。其次，从公司理论的角度看，推动员工持股制度的目标在于让员工参与公司的管理决策，使企业逐步转变为员工自治的组织。在这样的安排下，员工与企业之间的关系将变得更加稳固，从而最大化地发挥员工的专业人力资本，提升企业的经济效益。最后，推进员工持股制度的目的还在于使员工成为企业治理结构中的重要主体之一，参与公司治理的决策过程，促进企业的可持续发展。

二、员工持股的基本原则

从理论基础的角度来看，推行混合所有制企业员工持股制度的基本原则可以概括为长期激励原则和自担风险原则等方面。双因素理论强调，员工持股制度应坚持激励原则，以激励员工的积极性和创造力。分享经济理论强调，激励原则和风险原则同样重要，员工在分享企业发展成果的同时，也需承担相应的风险。资产专用性理论同样要求坚持激励原则，以确保员工的专用性人力资本得以被有效利用。

从政府政策的角度，国务院国资委明确混合所有制企业员工持股制度的试点原则为“依法合规、公开透明，增量引入、利益捆绑，以岗定股、动态调整，严控范围、强化监督”。中国证监会则将其原则确定为“依法合规、自愿参与和风险自担”。这些原则旨在保障员工持股制度的合法性、公平性及透明度，确保制度能够健康运行。

从我国典型的实践角度来看，企业在实施混合所有制员工持股制度时，普遍遵循“依法合规、自愿参与、风险自担”这一原则。这些原则可确保员工持股制度的规范性和操作的可行性。

三、员工持股的资金来源

在推动混合所有制企业员工持股制度的过程中，资金来源问题至关重要。国务院国资委《关于国有控股混合所有制企业开展员工持股试点的意见》（以下简称《试点意见》），明确要求参与员工必须足额缴纳货币资金。如果员工通过科技成果参与混合所有制企业员工持股制度，则必须提供科技成果所有权证明，并对其进行相应估值。中国证监会的《关于上市公司实施员工持股计划试点的指导意见》也指出，员工参与混合所有制企业员工持股制度的资金来源主要包括合法获取的薪酬及其他合法资金。显而易见，员工参与上市公司员工持股制度必须使用现金购买股份。

从长期来看，仅限制参与混合所有制企业员工持股制度的资金来源在较小范围内是不够的。国际上推进员工持股制度的经验表明，对员工购股资金来源的限制通常不会过于严格。因此，为了充分发挥员工持股制度提升员工收入的效果，混合所有制企业可以在扩大员工持股制度覆盖面的过程中，积极探索使用杠杆方式为员工购股筹集资金。这种方法可以有效拓展员工持股制度的资金来源，提高制度的普及性和有效性。

四、员工持股的股票来源

从股票来源的角度来看，国务院国资委《试点意见》规定了混合所有制企业员工持股制度股票来源的两种主要方式：一是通过增资扩股，即企业增发新股以供员工持股；二是通过出资新设，即通过新设股份公司来提供员工持股所需股份。根据中国证监会《指导意见》，上市混合所有制企业的股票来源则分为五个方面：从公司自身发行的新股中获得、在二级市场上购买本公司股票、认购非公开发行的公司股票、股东自赠的股票，以及法律或行政法规允许的其他来源。

显而易见，为了防止国有资产流失，增资扩股和出资新设等股票来源方式被确立为我国政策和实践层面推动混合所有制企业员工持股制度的基本方式。这样的安排不仅体现了我国对员工持股制度的特殊要求，还反映了在混合所有制企业中，国有资本保持控股地位的政策导向。

五、员工股权管理

员工股权管理是混合所有制企业员工持股制度中的核心要素，涉及多个关键主体，包括董事会、员工持股人大会、员工持股管理委员会、资产管理机构（如信托公司、保险公司、股权投资公司、基金公司等）以及资产托管机构等。这些主体共同作用，确保员工持股制度能够顺利运行。

首先，董事会在员工持股制度的设计阶段起到主导作用，负责提出初步方案，并组织召开首次员工持股人大会。员工持股人大会是整个制度的最高决策机构，参与的成员包括所有持股员工。大会的职责不仅限于制度的通过与修改，还包括对重大事项的决策，如管理委员会成员的选举和重大投资决策。

其次，员工持股管理委员会作为员工持股人大会的执行机构，由全体持股员工选举产生，负责日常的股权管理，职责包括管理员工持股的日常操作、监督资产管理的执行情况，以及保障员工持股人的利益。在管理股权时，委员会可以选择将员工持有的股份委托给专业的资产管理机构，如信托公司或基金公司。这些机构依据既定的方案，负责资产的投资与运营，旨在通过专业化管理实现股权价值的最大化。

最后，资产托管机构，如银行等金融机构，承担着保管员工持股制度中资产的责任，确保资金和股权的安全性。托管机构的职责包括保管股权证书、监督资产管理机构的运作，以及提供与员工持股相关的金融服务等。

通过这些主体间的协作与分工，混合所有制企业的员工持股制度得以有效运作。董事会、员工持股人大会和管理委员会共同制定和执行持股政策，而资产管理机构和托管机构则提供专业的管理和保障服务。这样一来，股权管理机制既确保了制度的稳健运行，又保护了员工的经济利益，有助于增强员工对企业的忠诚度和积极性。

本章小结

本章全面回顾了我国混合所有制企业员工持股制度的发展历程，将其划分为四个主要阶段，即 1984 年到 1992 年的集资型阶段、1993 年到 2002 年的正规型阶段、2003 年到 2012 年的激励型阶段，以及 2013 年至今的综合型阶段。在集资型阶段，员工持股主要表现为员工通过集资或认购企业股票的方式参与企业所有权，这一时期的制度设计相对简单，主要以解决企业融资问题为目标。进入正规型阶段后，员工持股逐渐规范，法律和政策逐步完善，员工参与企业决策的意识开始增强。激励型阶段则强调通过员工持股激发企业内部活力，增强员工的主人翁意识，提高企业的市场竞争力。进入综合型阶段后，员工持股制度在推动国有企业混合所有制改革中的作用越发突出，不仅强化了企业内部的激励机制，也在促进企业治理结构优化方面取得了显著成效。通过对各阶段制度特征的详细分析，本章总结了员工持股制度在我国企业改革中的经验教训，并借鉴国际经验，为员工持股制度未来的发展提供了参考。

参考文献

[1] 张维迎．博弈论与信息经济学 [M]．上海：上海人民出版社，2002.

[2] Rubinstein R. Offenses that may have been committed by accident: An optimal policy of retribution [J]. Applied Game Theory, 1979 (25): 406 – 413.

[3] Radner R. Monitoring cooperative agreement in a repeated principal-agent relationship [J]. Econometrica, 1981 (49): 1127 – 1148.

[4] Fama E. Agency problems and the theory of the firm [J]. Journal of Political Economy, 1980 (88): 288 – 307.

[5] Meyer M, Vickers J. Performance comparisons and dynamic incentives [J]. Journal of Political Economy, 1997 (105): 547 – 581.

[6] Linderoth J, Wright S. Decomposition algorithms for stochastic programming on computational grid [R]. Computer Sciences Department, University of Wisconsin-Madison, Optimization Technical Report, 2002.

[7] Qi L, Womersley R. An SQP algorithm for extended linear-quadratic problems in stochastic programming [J]. Anal Operation Research, 1995 (56): 51 – 28.

[8] Fukushima M, Lin G, Chen X. Smoothing implicit programming approaches for stochastic mathematical programs with linear complementarity constraints [J]. Journal of Mathematical Analysis and Applications, 2002 (256): 193 – 216.

[9] Shapiro A, Mello T. A simulation-based approach to two-stage stochastic programming with recourse [J]. Mathematics of Operations Research, 1996 (18): 723 -746.

[10] Arrow K J. The role of securities in the optimal allocation of resources [J]. Journal of Finance, 1964 (19): 610 -625.

[11] Berle A A, Means G C. The Modern Corporation and Private Property [M]. Macmillan, 1932.

[12] Bolton P, Dewatripont M. Contract Theory [M]. Cambridge: MIT Press, 2005.

[13] Eisenhardt K M. Agency theory: An assessment and review [J]. Academy of Management Review, 1989 (14): 57 -74.

[14] Grossman S J, Hart O D. The costs and benefits of ownership: A theory of vertical and lateral integration [J]. Journal of Political Economy, 1986 (94): 691 -719.

[15] Jensen M C. Organization theory and methodology [J]. Accounting Review, 1983 (58): 319 -339.

[16] Jensen M C, Meckling W H. Theory of the firm: Managerial behavior, agency costs and ownership structure [J]. Journal of Financial Economics, 1976 (3): 305 -360.

[17] Ross S A. The economic theory of agency: The principal's problem [J]. American Economic Review, 1973 (63): 134 -139.

[18] Wilson R. The theory of syndicates [J]. Econometric, 1968 (36): 119 -132.

[19] 张维迎．代理理论的研究与应用 [M]. 北京：北京大学出版社，1995.

[20] 张维迎．现代企业制度与代理理论 [M]. 北京：经济管理出版社，1996.

[21] Fama E F. Agency problems and the theory of the firm [J].

Journal of Political Economy, 1980 (88): 288 -307.

[22] Fama E F, Jensen M C. Separation of ownership and control [J]. Journal of Law and Economics, 1983 (26): 301 -325.

[23] Gompers P, Ishii J, Metrick A. Corporate governance and equity prices [J]. Quarterly Journal of Economics, 2003 (118): 107 -155.

[24] Jensen M C. Takeovers: Folklore and science [J]. Harvard Business Review, 1984 (62): 109 -121.

[25] Jensen M C, Roeback J. The market for corporate control: The scientific evidence [J]. Journal of Financial Economics, 1983 (11): 5 -50.

[26] Aghion P, Bolton P. An incomplete contracts approach to financial contracting [J]. Review of Economic Studies, 1992 (59): 473 -494.

[27] Bertrand M, Mehta P, Mullainathan S. Ferreting out tunneling: An application to Indian business groups [J]. Quarterly Journal of Economics, 2008 (123): 121 -148.

[28] Burkart M, Gromb D, Panunzi F. Large shareholders, monitoring, and the value of the firm [J]. Quarterly Journal of Economics, 1997 (112): 693 -728.

[29] Dharwadkar R, George G, Brandes P. Private benefits of control, ownership, and firm value: An emerging market perspective [J]. Academy of Management Journal, 2000 (43): 495 -507.

[30] Dyck A, Zingales L. Private benefits of control: An international comparison [J]. Journal of Finance, 2004 (59): 537 -600.

[31] Faccio M, Lang L H P, Young L. Dividends and expropriation [J]. American Economic Review, 2001 (91): 54 -78.

[32] Gilson S C, Gordon J N. Controlling shareholders and corporate governance: Complicating the comparative taxonomy [J]. Stanford Law

Review, 2003 (55): 695 -760.

[33] Gomez-Mejia L R, Tosi H L, Hinkin T R. Managerial compensation and firm performance: A theory of pay-for-performance [J]. Academy of Management Review, 2003 (28): 245 -256.

[34] Johnson S, La Porta R, Lopez-de-Silanes F, Shleifer A. Tunneling [J]. American Economic Review, 2000 (90): 22 -27.

[35] La Porta R, Lopez-de-Silanes F, Shleifer A, Vishny R W. Investor protection and corporate valuation [J]. Journal of Finance, 2002 (57): 1147 -1170.

[36] Lin T, Hu L. The impact of shareholder protection on corporate governance and firm value [J]. Journal of Corporate Finance, 2007 (13): 333 -353.

[37] López-de-Silanes F, Shleifer A, Vishny R W. Management entrenchment: Evidence from the market for corporate control [J]. Journal of Financial Economics, 1999 (52): 343 -371.

[38] Masulis R W, Wang C, Xie F. Corporate governance and acquirer returns [J]. Journal of Finance, 2007 (62): 1851 -1889.

[39] Morck R, Shleifer A, Vishny R W. The rise and fall of political connections in China [J]. Journal of Financial Economics, 2005 (77): 357 -410.

[40] Peng M W, Jiang Y. Institutions behind family ownership and control in large firms [J]. Journal of Management Studies, 2010 (47): 247 -272.

[41] Shleifer A, Vishny R W. A survey of corporate governance [J]. Journal of Finance, 1997 (52): 737 -783.

[42] Young M N, Peng M W, Ahlstrom D, Bruton G D, Jiang Y. Governance and management in emerging markets [J]. Journal of Management Studies, 2008 (45): 1 -20.

[43] Blair M M. Ownership and Control: Rethinking Corporate Governance for the Twenty-First Century [M]. Washington, D. C: Brookings Institution Press, 1995.

[44] Clarke T. Theories of Corporate Governance: The Philosophical Foundations of Corporate Governance [M]. Routledge, 2004.

[45] Davis J H, Schoorman F D, Donaldson L. Toward a stewardship theory of management [J]. Academy of Management Review, 1997 (22): 20 -47.

[46] Donaldson L. In defense of organization theory: A reply to critics [J]. Journal of Management Studies, 1993 (30): 219 -224.

[47] Lin G, Chen X. Smoothing implicit programming approaches for stochastic mathematical programs with linear complementarity constraints [J]. Journal of Mathematical Analysis and Applications, 2002 (256): 193 -216.

[48] Robinson, A. M., and Wilson, N. Employee financial participation and productivity: An empirical reappraisal [J]. British Journal of Industrial Relations, 2006, 44 (1): 31 -50.

[49] Gurkan A, Robinson M. Solving stochastic optimization problems with stochastic constraints: An application in network design [C]. Winter Simulation Conference, 1999 (45): 471 -478.

[50] Zadeh L A. The concept of a linguistic variable and its application to approximate reasoning [J]. Information Sciences, 1975 (8): 199 -251.

[51] Liu B. Uncertainty theory: Toward axiomatic foundations [R]. Lecture Note, Tsinghua University, 2003.

[52] 让-雅克·拉丰，大卫·马赫蒂摩．激励理论：委托代理模型 [M]. 陈志俊，等，译. 北京：中国人民大学出版社，2002.

[53] 徐细雄，万迪昉，梁巧转．基于两维度相对业绩比较的经

营者报酬契约设计［J］．中国管理科学，2005（6）：115－118.

［54］陈通，赵涛．人力资源管理外包动因及风险应对步骤［J］．现代财经，2005（2）：41－44.

［55］罗宜美，刘兵．对企业经营者机会主义行为的监控策略分析［J］．系统工程学报，2000（9）：295－298.

［56］徐新，邱菀华．委托—代理问题中信息对称情况下自然状态对最优契约的影响［J］．系统工程理论与实践，2000（11）：62－66.

［57］欧阳昌民，杨秋林．基于人力资本不确定性的风险投资契约设计［J］．中国软科学，2004（4）：131－137.

［58］Holmstrom B，Tirole J. Financial intermediation，loadable funds，and the real sector［J］．Quarterly Journal of Economics，1997，112（3）：663－691.

［59］Tufano P. The handbook of the economics of finance［M］．New York：John Wiley，2002.

［60］熊毅．谈不确定性对股权激励的影响［J］．财贸论坛，2000（11）：11－13.

［61］张勇．同时考虑细分环境不确定性的股权激励模型［J］．集团经济研究，2005（11）：71－72.

［62］张建森，蒋露洲．上市公司股价与经理人薪酬合同设计［J］．经济理论与经济管理，2002（9）：47－52.

［63］Holmstrom B. Managerial incentive problems：A dynamic perspective［J］．Review of Economic Studies，1999（66）：169－182.

［64］Baker G，Gibbons R，Murphy K J. Relational contracts and the theory of the firm［J］．Quarterly Journal of Economics，2002（117）：39－84.

［65］黄群慧，李春琦．报酬、声誉与经营者长期化行为的激励［J］．中国工业经济，2001（1）：58－63.

[66] 肖条军，盛昭瀚．两阶段基于信号博弈的声誉模型 [J]. 管理科学学报，2003 (1)：27 -31.

[67] 刘怀德．不确定性经济学 [M]. 上海：上海财经大学出版社，2001.

[68] 侯光明，李存金．现代管理激励与约束机制 [M]. 北京：高等教育出版社，2002.

[69] 刘正周．管理激励 [M]. 上海：上海财经大学出版社，1998.

[70] Manolis C, Nygaard A, Stillerud B. Uncertainty and vertical control: An international investigation [J]. International Business Review, 1997, 6 (5): 501 -518.

[71] 王国顺，周勇，汤捷．交易、治理与经济效率——O. E. 威廉姆森交易成本经济学 [M]. 北京：中国经济出版社，2005.

[72] 樊纲．现代三大经济理论体系的比较与综合 [M]. 上海：上海人民出版社，1994.

[73] 常修泽，黄志亮，毛元斌，等．现代企业创新论——中国企业制度创新研究 [M]. 天津：天津人民出版社，1994.

[74] 李小宁．组织激励 [M]. 北京：北京大学出版社，2005.

[75] Wang L, Yu C W, Wen F S. Economic theory and the application of incentive contracts to procure operating reserves [J]. Electric Power Systems Research, 2005, 77 (5): 518 -526.

[76] Rawski T G. China's state enterprises reforms-an overseas view [J]. China Economic Review, 1997, 8 (1): 89 -98.

[77] Osterman P. How common is workplace transformation and who adopts it [J]. Industrial and Labor Relations Review, 1994 (47): 173 -188.

[78] Milgrom P, Roberts J. Limit pricing and entry under incomplete information: An equilibrium analysis [J]. Econometrica, 1982

(40): 433－459.

［79］埃瑞克·菲吕博顿．新制度经济学［M］．孙经纬，译．上海：上海财经大学出版社，1998.

［80］黄淳，何伟．信息经济学［M］．北京：经济科学出版社，1998.

［81］Huselid M A. The impact of human resource management practices on turnover, productivity, and corporate financial performance［J］. Academy of Management Journal, 1995, 38 (3): 635－672.

［82］Milbourn T T, Shockley R L, Anjan V. Managerial career concerns and investments in information［J］. Rand Journal of Economics, 2001, 32 (2): 334－345.

［83］施锡铨．博弈论［M］．上海：上海财经大学出版社，2000.

［84］Hall B J, Murphy K J. Optimal exercise prices for risk adverse executives［J］. American Economic Review, 2000, 23 (5): 209－214.

［85］Jensen M C, Murphy K J. Performance pay and top-management incentives［J］. Journal of Political Economy, 1990 (98): 225－264.

［86］李富强，李斌．委托代理模型与激励机制分析［J］．数量经济技术经济研究，2003 (9): 29－33.

［87］徐玖平，陈书建．不对称信息下风险投资的委托代理模型研究［J］．系统工程理论与实践，2004 (1): 19－25.

［88］Cauley J, Corns R, Sandier T. Stakeholder incentives and reform in China state-owned enterprise: A common property theory［J］. China Economic Review, 1999 (10): 191－206.

［89］Andrei V, Vjshny R. A survey of corporate governance［J］. Journal of Finance, 1997 (52): 737－783.

［90］李垣，孙恺．企业家激励机制对分配性行为的治理分析［J］．管理科学学报，2000 (9): 82－88.

［91］邓英杰，李建华．国有企业经营者行为监督机制研究［J］．系统工程，2006（9）：58－60.

［92］岳中志．非对称信息条件下的企业经营者激励机制契约设计［J］．数量经济技术经济研究，2004（5）：48－53.

［93］Predengast C. The provision of incentives in firms［J］. Journal of Economic Literature，1999（37）：633－637.

［94］Dietrich M. Shareholder and stakeholder：Human capital and industry equilibrium［J］. The Economic Journal，1998，108（3）：490－492.

［95］Olsen T E. Agency costs and the limits of integration［J］. The Rand Journal of Economics，1996，27（2）：479－501.

［96］朱平辉，叶艺林．约束经营者“道德风险”的博弈分析［J］．统计与决策，2006（23）：33－34.

［97］祝足，黄培清．企业中存在机会主义行为的原因及其影响［J］．系统工程学报，1997（3）：57－63.

［98］汪贤裕，颜锦江．委托代理关系中的激励和监督［J］．中国管理科学，2000（9）：33－38.

［99］袁凌，王来宾，谢发胜．职业经理人薪酬激励问题及对策研究［J］．当代财经，2006（4）：79－82.

［100］申海，黄文平，王晓刚，等．激励机制［M］．广州：中山大学出版社，2000.

［101］黄文彦，蓝海林．委托代理关系中激励机制的设计［J］．华南理工大学学报（社会科学版），2005（1）：34－37.

［102］Garen J. Unions，incentives systems and job design［J］. Journal of Labor Research，1999，20（4）：589－604.

［103］Alex T，Joseph K. Incentives and job redesign：The case of the personal selling function［J］. American Economic Review，2003，93（3）：551－572.

[104] Radhakrishnan S. Job challenge as a motivator in a principal-agent setting [J]. European Journal of Operational Research, 1999, 115 (1): 138 - 157.

[105] 许小东. 现代工作设计理论评述 [J]. 经济师, 2001 (10): 22 - 23.

[106] 孙健敏. 人力资源管理中工作设计的四种不同 [J]. 首都经济贸易大学学报, 2002 (1): 58 - 62.

[107] Holmstrom B, Milgrom P. Multitask principal-agent analyses: Incentive contracts, asset ownership and job design [J]. Journal of Law, Economics and Organization, 1991 (7): 24 - 52.

[108] Rousseau D M. Organizational behavior in the new organizational era [J]. Annual Review of Psychology, 1997 (48): 515 - 546.

[109] 周莉, 蒲勇健. 国企经营者的声誉激励机制 [J]. 经济管理, 2005 (11): 18 - 21.

[110] 李军林. 声誉、控制权与博弈均衡: 一个关于国有企业经营绩效的博弈分析 [J]. 上海财经大学学报, 2002 (8): 38 - 45.

[111] 杨艳萍. 风险投资家和风险企业家合作行为策略与声誉激励效应 [J]. 企业经济, 2006 (8): 77 - 79.

[112] 张鸣, 陈震. 高管报酬隐性激励的实证研究 [J]. 财经研究, 2006 (3): 56 - 63.

[113] Oliver K, Yoon S. Incentive efficiency of compensation based on accounting and market performance [J]. Journal of Accounting and Economics, 1993 (16): 25 - 53.

[114] 杨亚达, 徐虹. 国有企业经理人声誉激励机制 [J]. 经济理论与经济管理, 2004 (4): 47 - 49.

[115] 王爱国, 刘惠萍. 引入声誉机制的独立董事最优动态契约模型及应用 [J]. 哈尔滨工业大学学报 (社会科学版), 2006 (6): 103 - 108.

［116］陈爽英，唐小我，马永开．人力资本显性激励与隐性激励的组合合同分析［J］．中国管理科学，2005（12）：108－202.

［117］敖志军，惠益民．存在道德危害的委托—代理模型中多重激励问题研究［J］．中国管理科学，1997，5（4）：35－39.

［118］Roberta D. Implicit contract，managerial incentives and financial structure［J］. Journal of Economics and Management Strategy，2001，10（3）：359－390.

［119］张勇，张强．业绩的隐性激励与经理报酬契约的改进［J］．管理工程学报，2005（4）：132－134.

［120］龙勇，张宗益．国有企业经营者的超产权激励分析［J］．重庆大学学报（社会科学版），2006（1）：35－38.

［121］Groves T，Hong Y，McMillan J. China's evolving managerial labor market［J］. Journal of Political Economy，1995（103）：873－892.

［122］Palomino F. Relative performance objectives in financial markets［J］. Journal of Financial Intermediation，2005，35（5）：351－375.

［123］James W，Harry A. Analysis of corporate disclosure on relative performance evaluation［J］. Accounting Horizons，2003（9）：235－246.

［124］马跃如，李海．关于经营者业绩评价的博弈分析模型［J］．统计与决策，2006（11）：135－136.

［125］吴涛，马亚静．国有企业经营者激励机制研究［J］．集团经济研究，2005（2）：46－47.

［126］王珺．双重博弈中的激励与行为——对转轨时期国有企业经理激励不足的一种新解释［J］．经济研究，2001（8）：71－78.

［127］黄群慧．企业家激励约束与国有企业改革［M］．北京：中国人民大学出版社，2000.

［128］郑志刚．声誉制度理论及其实践评述［J］．经济学动态，2002（5）：73－77.

［129］汪贤裕，钟胜，李康．一类多期委托代理关系的模型研究

[J]. 系统工程理论与实践，2001（11）：167－123.

［130］王化成，刘俊永．企业业绩评价模式研究——兼论中国企业业绩评价模式选择［J］. 管理世界，2004（4）：82－91.

［131］黄再胜．企业主观业绩评价理论述评——一种激励的观点［J］. 当代财经，2005（3）：81－84.

［132］Litwack J M. Central control of regional budgets: Theory with applications to Russia［J］. Journal of Comparative Economics, 2002, 30（1）：51－75.

［133］Slade M E. Multitask agency and contract choice: An empirical exploration［J］. International Economic Review, 1996, 37（2）：465－486.

［134］田盈，蒲勇健．多任务委托—代理关系中激励机制优化设计［J］. 管理工程学报，2006（1）：24－26.

［135］Muller R, Turner J. The impact of principal-agent relationship and contract type on communication between project owner and manager［J］. International Journal of Project Management, 2005, 23（5）：398－403.

［136］Finkle A. Relying on information acquired by a principal［J］. International Journal of Industrial Organization, 2005, 23（3）：263－278.

［137］Morgenstern A. Efficiency concerns and incentive provision-an experimental study［J］. Economics Letters, 2004, 83（3）：335－341.

［138］袁江天，张维．多任务委托代理模型下国企经理激励问题研究［J］. 管理科学学报，2006（6）：45－53.

［139］张正堂，陶学禹．国外企业经营者报酬理论研究的新进展［J］. 管理科学学报，2002，5（6）：83－90.

［140］Sharecropping contracts: The Italian Mezzadria［J］. Econometrica, 1996, 63（251）：445－457.

[141] 席酉民，张建琦．不对等契约关系与国有企业改革 [J]．管理科学学报，1998 (1)：43 -49.

[142] Martimort D. Exclusive dealing, common agency, and multi-principals incentive theory [J]. Rand Journal of Economics, 1996 (27): 1 -31.

[143] 闫森，杜纲．具有随机约束的委托—代理模型 [J]．数量经济技术经济研究，2004 (8)：103 -108.

[144] 张维迎．产权安排与企业内部的权利斗争 [J]．经济研究，2000 (6)：41 -50.

[145] 骆品亮，陆毅．共同代理与独家代理的激励效率比较研究 [J]．管理科学学报，2006 (2)：47 -53.

[146] 完世伟，杨忠直．基于多任务委托的工程监理委托—代理分析 [J]．工业工程，2006 (5)：26 -39.

[147] Bergemann D, Valimaki J. Dynamic common agency [J]. Journal of Economics Theory, 2003, 111: 23 -48.

[148] 严志辉，钟美瑞，黄健柏．基于过度自信的多任务委托—代理模型扩展研究 [J]．系统工程，2006 (2)：19 -22.

[149] 张勇，吴传文．利润分享机制下经理行动组合的探讨 [J]．管理工程学报，2005 (1)：10 -13.

[150] 冯根福．西方国家公司经理行为的约束与激励机制比较研究 [J]．当代经济科学，1998 (6)：31 -37.

[151] Williamson O E. The economics of capitalism: Firms, markets, and relational contracting [M]. New York: The Free Press, 2000.

[152] 吕鹏，陈小悦．多任务委托—代理理论的发展与应用 [J]．经济学动态，2004 (8)：74 -77.

[153] Konishi H, Breton M L, Weber S. On coalition-proof Nash equilibrium in common agency game [J]. Journal of Economics Theory, 1999, 85: 122 -139.

[154] 付强. 多代理人激励合同探析——基于水电投资中的委托代理关系 [J]. 电力技术经济, 2004 (12): 34-39.

[155] 韩建军, 郭耀煌, 蓝敏. 基于不对称信息的代理人私下交易及管制 [J]. 西南交通大学学报, 2004 (8): 521-524.

[156] 郑绍濂, 骆品亮. 分成制与相对绩效评价机制及其效率研究 [J]. 管理科学学报, 1998 (1): 26-30.

[157] Lafont J, Martimort D. Collusion under asymmetric information [J]. Econometrica, 1997, 65: 875-911.

[158] Lafont J, Martimort D. Collusion delegation [J]. Rand Journal of Economics, 1998, 29: 280-305.

[159] Gilies D A, Gilies G. Intersubjective probability and economics [J]. Review of Political Economy, 1991 (3): 393-417.

[160] Liu B. Theory and practice of uncertain programming [M]. Heidelberg: Physica-Verlag, 2002.

[161] Liu B. Dependent-chance programming: A class of stochastic programming [J]. Computers and Mathematics with Applications, 1997, 34 (12): 89-104.

[162] 邹俊. 混合所有制改革与新时代国有企业治理创新研究 [M]. 北京: 九州出版社, 2022.

[163] 张文魁. 混合所有制与现代企业制度——政策分析及中外实例 [M]. 北京: 人民出版社, 2017.

[164] 王国强. 国有企业混合所有制改革 [M]. 北京: 中国财政经济出版社, 2022.

[165] 宋文阁, 刘福东. 混合所有制的逻辑——新常态下的国企改革和民企机遇 [M]. 北京: 中华工商联合出版社, 2014.

[166] 胡润波, 马大明, 葛晶晶. 混合所有制企业职业经理人制度重点问题研究 [M]. 北京: 知识产权出版社, 2023.

[167] 胡锋. 混合所有制企业竞争力与股权结构关系研究——基

于制造业的分析［M］. 北京：经济科学出版社，2018.

［168］陈文婷. 混合所有制改革的制度安排、作用机制及经济后果［M］. 北京：经济科学出版社，2023.

［169］李胜兰，陈玉敏，王兴志，等. 竞争性国有企业混合所有制改革的理论与现实路径研究［M］. 广州：中山大学出版社，2022.

［170］周丽莎. 混合所有制改革实操与案例研究［M］. 北京：中国经济出版社，2020.

［171］陈俊龙，齐平. 混合所有制改革背景下国有股最优比例问题研究［M］. 北京：中国财政经济出版社，2017.

［172］姜涛，吴刚. 混合所有制经济理论与实践［M］. 北京：社会科学文献出版社，2016.

［173］石予友. 混合所有制企业公司治理［M］. 北京：经济管理出版社，2010.

［174］张文魁. 混合所有制的公司治理与公司业绩［M］. 北京：清华大学出版社，2015.

［175］袁润森. 混合所有制改革对国有企业战略行为的影响研究［M］. 北京：中国财政经济出版社，2024.

［176］李正图. 混合所有制经济研究［M］. 上海：上海社会科学院出版社，2016.

［177］冯璐. 混合所有制改革与国有企业创新［M］. 北京：北京邮电大学出版社，2022.

［178］Okabe，M. Employee Stock Ownership Plans in Japan：A Comparative Analysis［J］. Economic Journal of Hokkaido University，2015，44（1）：45－67.

［179］董梅生. 混合所有制企业股权结构选择研究［M］. 北京：经济管理出版社，2017.

［180］冉戎，何军. 大股东控制权私有收益新论：理论与实证研究［M］. 北京：中国经济出版社，2011.

［181］李进中．基于控制权视角的家族大股东三重委托代理关系研究［M］．北京：经济科学出版社，2016.

［182］陈东华．控股股东控制权私利行为形成机理与演进研究［M］．杭州：浙江大学出版社，2022.

［183］王国强．国有企业混合所有制改革［M］．北京：中国财政经济出版社，2022.

［184］郭斌．国有企业混合所有制改革的多国模式比较与路径借鉴［M］．北京：中国经济出版社，2021.

［185］张兴，侯春平．国有企业混合所有制改革政策法规全书［M］．北京：法律出版社，2020.

［186］叶若慧．董事会结构与投资效率研究［M］．北京：原子能出版社，2020.

［187］郑志刚．国企混改——理论模式与路径［M］．北京：中国人民大学出版社，2020.

［188］钱雪松．公司治理和企业资本配置研究［M］．北京：中国社会科学出版社，2013.

［189］胡锋．混合所有制企业竞争力与股权结构关系研究——基于制造业的分析［M］．北京：经济科学出版社，2018.

［190］代飞．资本管理视角下央企混合所有制改革效应研究［M］．北京：中国经济出版社，2021.

［191］王勇，邓峰，金鹏剑．混改下一步——新时代混合所有制改革的新思路［M］．北京：清华大学出版社，2018.

［192］郭斌．混合所有制改革下国有企业控制权的合理配置［M］．北京：经济管理出版社，2021.

［193］严汉民，梁燕．混合所有制、高管激励与创新投入［J］．会计之友，2020（6）：137－142.

［194］Qian C，Cao Q，Takeuchi R. Top management team functional diversity and organizational innovation in China：The moderating effects of environment [J]. Strategic Management Journal, 2013, 34 (1): 110 - 120.

[195] 林浚清，黄祖辉，孙永祥. 高管团队内薪酬差距、公司绩效和治理结构 [J]. 经济研究，2003 (4): 31 - 40, 92.

[196] Kini O, Williams R. Tournament incentives, firm risk, and corporate policies [J]. Journal of Financial Economics, 2012, 103 (2): 350 - 376.

[197] 许瑜，冯均科. 内部控制、高管激励与创新绩效：基于内部控制有效性的实证研究 [J]. 软科学，2017, 31 (2): 79 - 82.

[198] Hellmann T, Thiele V. Incentives and innovation: A multitasking approach [J]. American Economic Journal: Microeconomics, 2011, 3 (1): 78 - 128.

[199] 田轩，孟清扬. 股权激励计划能促进企业创新吗 [J]. 南开管理评论，2018, 21 (3): 176 - 190.

[200] 陈妍. 混合所有制、高管激励与企业创新 [D]. 杭州：浙江财经大学，2018.

[201] Jackson S, Lopez T, Reitenga A. Accounting fundamentals and CEO bonus compensation [J]. Journal of Accounting and Public Policy, 2008, 27 (5): 374 - 393.

[202] Brickley J A, James C M. The takeover market, corporate board composition and ownership structure: The case of banking [J]. Journal of Law and Economics, 1987, 30 (1): 161 - 180.

[203] 任海云. 股权结构与企业 RandD 投入关系的实证研究：基于 A 股制造业上市公司的数据分析 [J]. 中国软科学，2010 (5): 126 - 135.

[204] 吴世农，李常青，余玮. 我国上市公司成长性的判定分析和实证研究 [J]. 南开管理评论，1999 (4): 49 - 57.

[205] 丁小强. 中国国有企业产权制度设计研究 [D]. 武汉：武

汉大学，2004.

［206］黄丹．混合所有制改革背景下国有企业非实际控制人董事会权力的治理效应研究［D］．成都：西南财经大学，2019.

［207］戴保民．关于国有企业发展混合所有制的探讨［D］．北京：中国社会科学院，2017.

［208］张飞雁．中国国有企业混合所有制改革的路径研究［D］．北京：国家行政学院，2019.

［209］曾广波．马克思的人力资本思想及其当代价值研究［D］．长沙：湖南大学，2016.

［210］刘小鲁．国企混合所有制改革怎么混［N］．中国财经报，2015－11－10（7）.

［211］陆岷峰，虞鹏飞．“混改”背景下国有企业全员持股与资产关切度研究［J］．金融理论与教学，2015（5）：1－7.

［212］邓沛琦．中英混合所有制经济模式比较研究［D］．武汉：武汉大学，2015.

［213］杨红英，童露．国有企业混合所有制改革中的公司内部治理［J］．技术经济与管理研究，2015（5）：50－54.

［214］荣兆梓．发展混合所有制经济视角的国有经济改革新问题［J］．经济纵横，2014（9）：71－74.

［215］谭啸．以管资本为主加强国有资产监管［J］．红旗文稿，2014（14）：22－23.

［216］夏小林．2014 年国企与改革（上）——兼评被污名化的“国资一股独大”［J］．管理学刊，2014，27（3）：1－15.

［217］刘崇献．混合所有制的内涵及实施路径［J］．中国流通经济，2014，28（7）：52－58.

［218］黄速建．中国国有企业混合所有制改革研究［J］．经济管理，2014，36（7）：1－10.

［219］李维安．深化国企改革与发展混合所有制［J］．南开管理

评论，2014，17（3）：1.

[220] 匡贤明．为何重提混合所有制［J］．中国经济报告，2014（4）：49－52.

[221] 杨萱．国有企业混合所有制改革治理效应问题研究［D］．武汉：中南财经政法大学，2018.

[222] 王爱武．混合所有制改革过程中国有企业公司治理问题研究［D］．北京：中共中央党校，2018.

[223] 马光威．中国国有企业混合所有制改革：动因、制约与路径［D］．深圳：深圳大学，2018.

[224] 冯埃生．混合所有制的公司治理效应——基于利益相关者视角的实证研究［D］．大连：东北财经大学，2016.

[225] 罗丽娟．混合所有制企业员工持股论［D］．北京：国家行政学院，2019.

[226] 李尚．国有企业混合所有制改革的理论逻辑与实践效果研究［D］．长春：吉林大学，2021.

[227] 袁润森．混合所有制改革对国有企业战略行为的影响研究［D］．秦皇岛：燕山大学，2021.

[228] 汤贤正．混合所有制改革中非控股股东参与治理与国有企业并购研究［D］．北京：北京邮电大学，2023.

[229] 吴敬琏，张军扩，刘世锦．国有经济的战略性改组［M］．北京：中国发展出版社，1998.

[230] 青云，姚如双，龚鹏飞．股权结构、代理成本与企业绩效——基于中小企业民营上市公司的实证分析［J］．东北财经大学学报，2017（1）：36－43.

[231] 吴延兵．国有企业双重效率损失研究［J］．经济研究，2012（3）：15－27.

[232] 武常岐，张林．国企改革中的所有权和控制权及企业绩效［J］．北京大学学报，2014（5）：149－156.

［233］谢军．中国混合所有制企业国有产权管理研究［D］．武汉：武汉理工大学，2013.

［234］薛云奎，白云霞．国家所有权、冗余雇员与公司业绩［J］．管理世界，2013（3）：96－105.

［235］袁振超，岳衡，谈文峰．代理成本、所有权性质与业绩预告精确度［J］．南开管理评论，2014（3）：49－61.

［236］张红辉，王宗军．政府干预、政府目标与国有上市公司的过度投资［J］．南开管理评论，2010（3）：101－108.

［237］张伟，于良春．混合所有制企业最优产权结构的选择［J］．中国工业经济，2017（4）：34－53.

［238］张祥建，郭丽虹，徐龙炳．中国国有企业混合所有制改革与企业投资效率——基于留存国有控股和高管政治关联的分析［J］．经济管理，2015（9）：132－145.

［239］张小宁．经营者报酬、员工持股与上市公司绩效分析［J］．世界经济，2002（10）：57－64.

［240］杨桦，王伟，赵鹏．董事会治理模式的七大转变［J］．清华管理评论，2015（4）：42－47.

［241］Sun Q，Tong W H S，Tong J. How Does Government Ownership Affect Firm Performance? Evidence from China's Privatization Experience［J］. Journal of Business Finance and Accounting，2010，29（1 and 2）：1－27.

［242］Song Z，Storesletten K，Zilibotti F. Growing Like China［J］. American Economic Review，2011，101（2）：196－233.

［243］Sachs J，Woo W T，Fischer S，Hughes G. Structural Factors in the Economic Reforms of China，Eastern Europe，and the Former Soviet Union［J］. Economy Policy，1994，9（18）：101－145.

［244］Vickers J，Yarrow G. Economic Perspectives on Privatization［J］. Journal of Economic Perspectives，1991，5（2）：111－132.

[245] Wei Z, Varela O. State Equity Ownership and Firm Market Performance: Evidence from China's Newly Privatized Firms [J]. Global Finance Journal, 2003, 14 (1): 65 – 82.

[246] Wang Y. Will China Escape the Middle-income Trap? A Politico-economic Theory of Growth and State Capitalism [R]. University of Oslo Working Paper, 2014.

[247] Wang Y, Chen L. Whether Mixed Ownership Reform Can Promote Enterprise Innovation? [J]. Research on Economics and Management, 2017.

[248] Xu C. The Fundamental Institutions of China's Reforms and Development [J]. Journal of Economic Literature, 2011, 49 (4): 1076 – 1151.

[249] 白重恩，路江涌，陶志刚．国有企业改制效果的实证研究 [J]．经济研究，2006 (8)：4 – 13.

[250] 王明琳，徐萌娜，王河森．利他行为能够降低代理成本吗？——基于家族企业中亲缘利他行为的实证研究 [J]．经济研究，2014 (3)：144 – 157.

[251] 句王鹏．投资者保护、代理成本与公司绩效 [J]．经济研究，2008 (4)：68 – 82.

[252] 武常岐，钱婷．集团控制与国有企业治理 [J]．经济研究，2011 (6)：98 – 104.

[253] 宵作平，陈德化．公司治理结构对代理成本的影响——来自中国上市公司的经验证据 [J]．财贸经济，2006 (1)：29 – 35.

[254] 马连福，李岩，张宁．混合所有制改革的转变新趋势 [J]．现代管理科学，2017 (10)：15 – 17.

[255] 姜凌，许君如．新时代我国国有企业混合所有制改革路径探究 [J]．四川大学学报 (社会科学版)，2018 (5)：26 – 35.

[256] 武鹏．我国混合所有制经济发展的成就、问题与对策

[J]. 学习与探索，2017 (12)：118 - 123.

[257] 陈希. 国企混合所有制改革中股权平等研究 [J]. 河南社会科学，2017 (4)：93 - 96.

[258] 程承坪，焦方辉. 现阶段推进混合所有制经济发展的难点及措施 [J]. 经济纵横，2015 (1)：51 - 55.

[259] 黄群慧，陈霞，刘伟. 新时期中国员工持股制度研究 [J]. 中国工业经济，2014 (7)：5 - 16.

[260] 王在全. 新一轮国有企业改革中员工持股问题研究 [J]. 经济纵横，2015 (12)：32 - 35.

[261] 沈阳，李蕾，张娜. 对国有企业重启员工持股计划的新思考 [J]. 经济与管理，2016 (8)：14 - 16.

[262] 黄华. 国企员工持股改革再探讨 [J]. 理论探索，2016 (5)：95 - 101.

[263] 刘雨青，傅帅雄. 混合所有制中的员工持股探索 [J]. 中国流通经济，2015 (3)：56 - 61.

[264] 曹凤岐，刘力. 美国职工持股计划与我国的企业内部职工持股 [J]. 管理世界，1995 (2)：87 - 93.

[265] 顾士明，周春平. 职工持股：西方的经验与中国的实践 [J]. 经济管理，2001 (14)：61 - 66.

[266] 廖红伟，杨良平. 国有企业改革中的员工持股制度分析 [J]. 江汉论坛，2017 (9)：24 - 29.

[267] 范钧，戴和忠. 论员工持股制度在我国高新技术企业中的实施 [J]. 经济问题探索，2001 (6)：82 - 85.

[268] 刘运国，刘雯. 我国上市公司的高管任期与 RandD 支出 [J]. 管理世界，2007 (1)：128 - 136.

[269] 张玉娟，王晓婷，李峰. 股权结构、高管激励对企业创新的影响机理及实证研究 [J]. 科学管理研究，2018 (4)：67 - 72.

[270] 杨红英，童露. 论混合所有制改革下的国有企业公司治理

[J]. 宏观经济研究，2015 (1)：42 - 51.

[271] 夏冬，程家明. 创新型企业的产板激励：基于创新资源均衡的分析技术 [J]. 经济与管理研究，2005 (5)：45 - 46.

[272] 韩晓洁. 国有企业混合所有制企业改革及绩效研究 [D]. 深圳：深圳大学，2017.

[273] 顾佳佳. 企业家精神、激励机制与企业绩效 [D]. 南京：南京大学，2018.

[274] 丁长发. 职工持股制度 ESOP 的理论分析与实证研究 [D]. 厦门：厦门大学，2002.

[275] 石宏伟. 中国员工持股制度研究 [D]. 长春：吉林大学，2016.

[276] 何瑛，杨琳. 改革开放以来国有企业混合所有制改革：历程、成效与展望 [J]. 管理世界，2021，37 (7)：44 - 60.

[277] 杨兴全，任小毅，杨征. 国企混改优化了多元化经营行为吗？[J]. 会计研究，2020 (4)：58 - 75.

[278] 狄灵瑜，步丹璐. 外资股东的引入与国有企业的国际化战略：以海外销售收入的实现为例 [J]. 世界经济研究，2021 (5)：83 - 102.

[279] Hu S, Zhong M, Cai Y. Impact of Investor Behavior and Stock Market Liquidity: Evidence from China [J]. Entropy, 2019, 21 (11): 1 - 11.

[280] Hunjra A I, Perveen U, Li L, et al. Impact of Ownership Concentration, Institutional Ownership and Earnings Management on Stock Market Liquidity [J]. Corporate Ownership and Control, 2020, 17 (2): 77 - 87.

[281] Magnac T, Robin J M. Occupational Choice and Liquidity Constraints [J]. Ricerche Economiche, 1996, 50 (2): 105 - 133.

[282] Bhide A. The Hidden Costs of Stock Market Liquidity [J].

Journal of Financial Economics, 1993, 34 (1): 31 - 51.

[283] Heflin F, Shaw K W. Blockholder Ownership and Market Liquidity [J]. The Journal of Financial and Quantitative Analysis, 2000, 35 (4): 621 - 633.

[284] Hanouna P, Sarin A, Shapiro A C. Value of Corporate Control: Some International Evidence [J]. Social Science Electronic Publishing, 2001 (2): 1 - 14.

[285] Brockman P, Chung D Y, Yan X M. Block Ownership, Trading Activity, and Market Liquidity [J]. Journal of Financial and Quantitative Analysis, 2009, 44 (6): 1403 - 1426.

[286] Liu N, Xu W. Stock Liquidity on China NEEQ Exchange [J]. Eurasian Economic Review, 2017, 7 (2): 255 - 275.

[287] 刘诚达. 混合所有制企业大股东构成与企业绩效——基于企业规模门槛效应的实证检验 [J]. 现代财经（天津财经大学学报), 2019, 39 (6): 15 - 26.

[288] 王运陈, 左年政, 谢璇. 混合所有制改革如何提高国有企业竞争力 [J]. 经济与管理研究, 2020, 41 (4): 49 - 61.

[289] 孙鲲鹏, 方明月, 包家昊. 如何 "混改" 更好——国企混合所有制股权组合模式对企业绩效的影响 [J]. 财贸经济, 2021, 42 (6): 87 - 103.

[290] 陈林, 万攀兵, 许莹盈. 混合所有制企业的股权结构与创新行为——基于自然实验与断点回归的实证检验 [J]. 管理世界, 2019, 35 (10): 186 - 205.

[291] 李井林. 混合所有制改革有助于提升国有企业投资效率吗? [J]. 经济管理, 2021, 43 (2): 56 - 70.

[292] 汪平, 邹颖, 兰京. 异质股东的资本成本差异研究——兼论混合所有制改革的财务基础 [J]. 中国工业经济, 2015 (9): 129 - 144.

[293] 杨丹，陈希阳，胡舒涵．新一轮国企混改降低了国企股权融资成本吗？[J]．经济社会体制比较，2020（3）：7－17．

[294] 卢佳瑄，万寿义．混合所有制改革能缓解债务融资错配吗——来自中国制造业上市公司的微观证据 [J]．山西财经大学学报，2021，43（5）：88－101．

[295] 卢建词，姜广省．混合所有制与国有企业现金股利分配 [J]．经济管理，2018，40（2）：5－20．

[296] 蔡贵龙，柳建华，马新啸．非国有股东治理与国企高管薪酬激励 [J]．管理世界，2018，34（5）：137－149．

[297] 魏明海，蔡贵龙，柳建华．中国国有上市公司分类治理研究 [J]．中山大学学报（社会科学版），2017，57（4）：175－192．

[298] 张任之．非国有股东治理能够抑制国有企业高管腐败吗？[J]．经济与管理研究，2019，40（8）：129－144．

[299] 张伟华，高冰莹，刘金钊．混合所有制改革对国有企业冗余雇员的影响 [J]．中国软科学，2021（2）：98－110．

[300] 逯东，黄丹，杨丹．国有企业非实际控制人的董事会权力与并购效率 [J]．管理世界，2019，35（6）：119－141．

[301] 马新啸，汤泰劼，蔡贵龙．非国有股东治理与国有企业去僵尸化——来自国有上市公司董事会“混合”的经验证据 [J]．金融研究，2021（3）：95－113．

[302] 曹丰，谷孝颖．非国有股东治理能够抑制国有企业金融化吗？[J]．经济管理，2021，43（1）：54－71．

[303] 马新啸，汤泰劼，郑国坚．混合所有制改革能化解国有企业产能过剩吗 [J]．经济管理，2021，43（2）：38－55．

[304] 陈良银，黄俊，陈信元．混合所有制改革提高了国有企业内部薪酬差距吗 [J]．南开管理评论，2021，24（5）：150－162．

[305] 马新啸，汤泰劼，郑国坚．非国有股东治理与国有企业的税收规避和纳税贡献——基于混合所有制改革的视角 [J]．管理世

界，2021，37（6）：128－141.

［306］李维安，徐建．董事会独立性，总经理继任与战略变化幅度——独立董事有效性的实证研究［J］．南开管理评论，2014，17（1）：4－13.

［307］贾建锋，唐贵瑶，李俊鹏，等．高管胜任特征与战略导向的匹配对企业绩效的影响［J］．管理世界，2015（2）：120－132.

［308］朱磊，陈曦，王春燕．国有企业混合所有制改革对企业创新的影响［J］．经济管理，2019，41（11）：72－91.

［309］熊爱华，张质彬，张涵．国有企业混合所有制改革对创新绩效影响研究［J］．科研管理，2021，42（6）：73－83.

［310］冯璐，张泠然，段志明．混合所有制改革下的非国有股东治理与国企创新［J］．中国软科学，2021（3）：124－140.

［311］钟昀珈，张晨宇，陈德球．国企民营化与企业创新效率：促进还是抑制［J］．财经研究，2016，42（7）：4－15.

［312］Nakamura，Y.，and Ogura，Y. The Role of Employee Ownership in Japanese Corporate Governance［J］．Asia Pacific Journal of Management，2018，35（2）：231－251.

［313］Dyck A，Volchkova N，Zingales L. The Corporate Governance Role of the Media：Evidence from Russia［J］．Journal of Finance，2008，63（3）：1093－1135.

［314］Dai L，Parw Ad A J T，Zhang B. The Governance Effect of the Media's News Dissemination Role：Evidence from Insider Trading［J］．Journal of Accounting Research，2015，53（2）：331－366.

［315］王华宾．媒体监督，第二大股东制衡对控股股东私利行为及企业价值的影响研究［D］．广州：华南理工大学，2019.

［316］Lang M H，Lins K V，Miller D P. ADRs，Analysts，and Accuracy：Does Cross Listing in the U. S. Improve a Firm's Information Environment and Increase Market Value?［J］．Journal of Accounting Research, 2003, 41 (2): 347 -362.

[317] Biedenbach T, Sderholm A. The Challenge of Organizing Change in Hypercompetitive Industries: A Literature Review [J]. Journal of Change Management, 2008, 8 (2): 123 -145.

[318] 涂国前，刘峰. 制衡股东性质与制衡效果——来自中国民营化上市企业的经验证据 [J]. 管理世界，2020 (11): 132 -142, 188.

[319] 张继德，刘素含. 从中国联通混合所有制改革看战略投资者的选择 [J]. 会计研究，2018 (7): 28 -34.

[320] 张文魁. 混合所有制的股权结构与企业治理 [J]. 新视野，2017 (4): 11 -19.

[321] 郭青青. 中国国有企业股权结构的混合所有制改革 [J]. 改革与战略，2015, 31 (11): 160 -163.

[322] 黄群慧，余菁，王欣，等. 新时期中国员工持股制度研究 [J]. 中国工业经济，2014 (7): 5 -16.

[323] 綦好东，郭骏超，朱炜. 国有企业混合所有制改革：动力、阻力与现实路径 [J]. 管理世界，2017 (10): 8 -18.

[324] 盛明泉，陈一玲，鲍群. 国企混合所有制改革对全要素生产率的影响、作用机制与异质性研究 [J]. 经济纵横，2021 (7): 47 -56.

[325] 黄昶生，王正寒. 混合所有制改革与企业价值提升——基于上市国有企业的实证研究 [J]. 工业技术经济，2021 (8): 78 -88.

[326] 张婧歆. 国有企业与民营企业合作关系演变及发展趋势 [J]. 合作经济与科技，2021 (5): 9 -11.

[327] 钱爱民，吴春天，朱大鹏. 民营企业混合所有制能促进实体经济"脱虚返实"吗 [J]. 南开管理评论，2021 (12): 36 -38.

[328] 邓琳. 国有企业混合所有制改革下员工持股的模式研究 [D]. 泉州：华侨大学，2023.

[329] 张五常. 企业的契约性质 [M]. 北京：北京大学出版社，1983.

[330] 杨小凯，黄有光. 间接定价理论：一般均衡契约模式 [J]. 经济研究，1993 (4)：25-34.

[331] Alchian, A. A., and Demsetz, H. Production, Information Costs, and Economic Organization [J]. American Economic Review, 1972, 62 (5): 777-795.

[332] Grossman, S. J., and Hart, O. D. The Costs and Benefits of Ownership: A Theory of Vertical and Lateral Integration [J]. Journal of Political Economy, 1986, 94 (4): 691-719.

[333] 唐丰义. 公司法 [M]. 北京：法律出版社，2000.

[334] 吴宣恭. 企业产权的法律与经济学分析 [M]. 北京：北京大学出版社，2000.

[335] Coase, R. H. The Nature of the Firm [J]. Economica, 1937, 4 (16): 386-405.

[336] Chandler, A. D. The Visible Hand: The Managerial Revolution in American Business [M]. Boston: Harvard University Press, 1977.

[337] Williamson, O. E. The Economics of Discretionary Behavior: Managerial Objectives in a Theory of the Firm [J]. American Economic Review, 1964, 54 (5): 105-124.

[338] Jensen, M. C., and Meckling, W. H. Theory of the Firm: Managerial Behavior, Agency Costs, and Ownership Structure [J]. Journal of Financial Economics, 1976, 3 (4): 305-360.

[339] Cheung, S. N. The Contractual Nature of the Firm [J]. Journal of Law and Economics, 1983, 26 (1): 1-24.

[340] Yang, X. K., and Huang, Y. G. Indirect Pricing Theory: A General Equilibrium Contract Model [J]. Economic Research Journal,

1993（4）：25－34.

［341］Lawson，F. H. The Law of Property［J］. Macmillan，1915.

［342］Kato，T.，and Morishima，M. The Productivity Effects of Participatory Employment Practices：Evidence from New Japanese Panel Data［J］. Industrial Relations，2002，41（4）：487－520.

［343］Lee K，Kim S. The Korean Economic Development Experience：Lessons for Developing Countries［R］. Routledge，2011.

［344］Kim Y. The Role of the State in Korea's Economic Development：The Dynamics of State-Business Relations［J］. Asia Pacific Business Review，2004（10）：12－30.

［345］Bennett A. Privatization and Public Services：Lessons from the UK Experience［R］. Routledge，2001.

［346］Hood C，Dixon R. A Government that Worked Better and Cost Less?：Evaluating Three Decades of Reform and Change in UK Central Government［M］. Cambridge：Oxford University Press，2015.

［347］Wiggins M，Zarkin G. The Role of Government in the U. S. Economy：An Overview of Public Sector Activities［J］. Journal of Economic Perspectives，1998（12）：3－23.

［348］Levy F，Murnane R J. The New Division of Labor：How Computers Are Creating the Next Job Market［M］. New Jersey：Princeton University Press，2004.

［349］Johnson C. MITI and the Japanese Miracle：The Growth of Industrial Policy，1925—1975［M］. Stanford：Stanford University Press，1982.

［350］Hoshi T，Kashyap A K. Corporate Financing and Governance in Japan：The Road to the Future［M］. Cambridge：MIT Press，2001.

［351］朱镕基．中国经济改革的历程与经验［M］. 北京：经济管理出版社，2003.

［352］刘鹤．中国经济改革的若干重大问题研究［M］．北京：北京大学出版社，2010.

［353］白求恩．英国国有企业改革经验及其对中国的启示［J］．经济研究，2012（5）：45－58.

［354］王天戈．英国国有企业改革及其经验对中国的启示［M］．北京：中国社会科学出版社，2014.

［355］J. E. Stiglitz. Economics of the Public Sector［M］. W. W. Norton and Company，2000.

［356］H. M. G. Williams. Public Enterprise Reform and the Market Economy［J］. Public Policy Review，2015（4）：67－84.

［357］陈良宇．美国国有企业管理模式及其启示［J］．国际经济与贸易研究，2018（7）：23－36.

［358］张军．美国国有企业管理模式对中国的影响及建议［M］．北京：对外经济贸易大学出版社，2019.

［359］A. M. Blinder. Keynesian Economics and the New Deal［J］. Journal of Economic Perspectives，1999（13）：77－88.

［360］M. Friedman. Capitalism and Freedom［M］. Chicago：University of Chicago Press，1962.

［361］中野健．日本经济体制与政策研究［M］．东京：东京大学出版社，2008.

［362］松本英昭．日本经济模式的演变与现状［J］．日本经济学杂志，2010（2）：12－29.

［363］N. K. Yoshino. Japanese Economic Policy and the Balance of Power［J］. Asian Economic Policy Review，2012（5）：39－56.

［364］张玲．法国经济体制与国有企业改革的经验分析［J］．欧洲经济研究，2014（6）：85－101.

［365］田中洋．法国经济政策的演变与其对中国的影响［J］．国际经济评论，2016（9）：47－62.

[366] M. A. Goldsmith. Mixed Economies and Their Impacts [J]. European Economic Review, 2003 (11): 117 – 135.

[367] 李建华. 韩国经济模式的特征与中国的借鉴 [J]. 亚洲经济与发展, 2019 (3): 22 – 34.

[368] 吴晓波. 韩国经济奇迹的分析与启示 [M]. 北京: 经济管理出版社, 2020.

[369] Y. T. Lee. The Korean Economic Miracle and Its Lessons [J]. Korean Economic Review, 2018 (7): 92 – 109.

[370] 国务院国有资产监督管理委员会. 关于进一步推进国有企业混合所有制改革的指导意见 [R]. 2023.

[371] 李克强. 中国经济高质量发展与混合所有制改革的实践 [J]. 经济研究, 2022, 57 (3): 45 – 58.

[372] 张杰, 刘伟. 混合所有制改革中的国有企业控制权配置问题分析 [J]. 管理科学, 2023, 61 (4): 78 – 92.

[373] 陈燕. 国有企业混合所有制改革中的法律问题与对策 [J]. 法学研究, 2023, 38 (2): 112 – 126.

[374] 杨军, 王丽. 从国际视角看中国混合所有制改革中的控制权配置 [J]. 国际经济评论, 2023, 50 (1): 23 – 34.

[375] 李克强. 中国经济高质量发展与国有企业改革 [J]. 经济研究, 2022, 57 (3): 45 – 58.

[376] 张杰. 混合所有制企业管理的复杂性与挑战 [J]. 管理科学, 2023, 61 (4): 78 – 92.

[377] 陈燕. 国有企业在混合所有制改革中的考核与激励机制 [J]. 经济与管理, 2023, 40 (1): 56 – 67.

[378] 杨军. 混合所有制国有企业的治理结构与实践 [J]. 国际经济评论, 2023, 50 (1): 23 – 34.

[379] 刘峰. 混合所有制企业的目标设定与绩效考核 [J]. 科技进步与对策, 2023, 40 (2): 77 – 85.

[380] 王磊．国有企业财务绩效考核的现状与挑战［M］．北京：北京财经大学出版社，2023.

[381] 李霞．国有企业经营效率的考核与提升［M］．上海：上海经济管理出版社，2022.

[382] 陈晓明．战略执行与管理层绩效考核［M］．北京：北京管理学院出版社，2023.

[383] 赵辉．企业社会责任与管理层考核［M］．北京：中国社会科学院出版社，2023.

[384] Blasi, J. R., Freeman, R. B., and Kruse, D. L. Do broad-based employee ownership, profit sharing and stock options help the best firms do even better [J]. British Journal of Industrial Relations, 2016, 54 (1): 55-82.

[385] Kruse, D. L., and Blasi, J. R. The Human Resource Management Handbook [M]. Greenwich: JAI Press, 1997.

[386] Rosen, C., Case, J., and Staubus, M. Equity: Why Employee Ownership is Good for Business [M]. Boston: Harvard Business Press, 2005.

[387] Pendleton, A., Poutsma, E., Van Ommeren, J., and Brewster, C. Employee Share Ownership and Profit Sharing in the European Union [R]. European Foundation for the Improvement of Living and Working Conditions, 2001.

[388] Conyon, M. J., and Freeman, R. B. Shared modes of compensation and firm performance: UK evidence [J]. SSRN Electronic Journal, 2004.

[389] Veblen, T. The Theory of the Leisure Class: An Economic Study of Institutions [M]. Dover Publications, 2001.